自然科学通识系列
General Science

U0369239

世界

是如何创造的？

认识世界的20种科学理论

[日] 细川博昭 _____ 著　　竹内薫 _____ 审定

吴尽 _____ 译

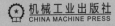

机械工业出版社

CHINA MACHINE PRESS

我们的世界为什么是现在这个样子？它是怎么形成和发展的？由谁支配？相信很多人都思考过这个问题。科学家们也一样，只是他们的思考比我们普通大众要深入得多，而且他们提出了很多经过验证的科学理论，这些理论能够帮助我们认识这个世界。

这是一本会影响世界观的科普书，我们经常会觉得科学离我们很远，但其实它就在我们身边。阅读本书，你会对我们所处的空间、我们自身所处的位置有更深刻的认识，进而更新和完善我们的世界观，帮助我们去创造新的世界。

KYOYO TOSHITE SHITTEOKUBEKI 20 NO KAGAKURIRON
Copyright © 2016 Hiroaki Hosokawa
Supervised by Kaoru Takeuchi
Original Japanese edition published by SB Creative Corp.
Simplified Chinese translation rights arranged with SB Creative Corp.,
through Shanghai To-Asia Culture Co., Ltd.

北京市版权局著作权合同登记　图字：01-2019-7765 号。

图书在版编目（CIP）数据

世界是如何创造的？：认识世界的20种科学理论／
（日）细川博昭著；吴尽译. — 北京：机械工业出版社，
2021.12

（自然科学通识系列）
ISBN 978-7-111-69551-6

Ⅰ.①世… Ⅱ.①细… ②吴… Ⅲ.①科学知识–青少年读物 Ⅳ.①Z228.2

中国版本图书馆CIP数据核字（2021）第229437号

机械工业出版社（北京市百万庄大街22号　邮政编码100037）
策划编辑：黄丽梅　　　　　责任编辑：黄丽梅
责任校对：孙莉萍　李　婷　责任印制：邵　敏
北京瑞禾彩色印刷有限公司印刷

2022年1月第1版·第1次印刷
130mm×184mm·5.875印张·125千字
标准书号：ISBN 978-7-111-69551-6
定价：49.00元

电话服务　　　　　　　　网络服务
客服电话：010-88361066　机 工 官 网：www.cmpbook.com
　　　　　010-88379833　机 工 官 博：weibo.com/cmp1952
　　　　　010-68326294　金 书 网：www.golden-book.com
封底无防伪标均为盗版　机工教育服务网：www.cmpedu.com

前　言

我们想更加了解我们生存的世界，也想找到世界形成的机制和支配宇宙的法则，科学理论中一直包含着这样的愿望。虽说提出理论的是科学家，但是作为普通大众的我们，也有更加了解世界的愿望。

从爱因斯坦创立广义相对论到现在已有100多年，在这100多年里有很多科学理论被提出、被修正、被认可，本书对它们中的20种进行了总结和概括。

在科学理论中，最受关注的是"世界是怎样形成的"。要阐述这个问题，那么势必就要探讨关于物质的起源——基本粒子和宇宙的理论等众多问题。如果这些问题由专家来阐释的话，可能很难理解。

有很多人认为科学是远离日常生活的，与自己没有什么交叉点。遗憾的是，这样的想法只会让我们更加远离科学。如果注意观察，你会发现科学就在我们身边。

本书的主旨就是介绍身边的科学。基于这样的想法，我们以与"人类生活的现状"和"作为生物的人类"相关的理论为两条主线，编写了本书。

另外，本书按照编辑部的要求，分为宇宙、物理、化学、地球、生物共 5 个部分，包含 20 个小节，每个小节介绍一种理论。为了让这些理论易于理解，本书在表述方式和语言上进行了谨慎选择。

本书作为科普读物，在详细记录科学理论产生过程的同时，也将相关问题及事件尽可能地收录其中，以使人们意识到这是身边的事情，会与人类及其生活产生交叉。比如，金、银、铀、氧、氮、碳等元素是什么时候、什么地方产生的？人类与其他地球生命之源——氨基酸是从哪里诞生的？人类是在哪里诞生又是如何进化的？地球的环境会发生怎样的变化又会变成什么样？等等诸如此类的问题，在本书都能找到答案。

在本书编写过程中，传来了 100 多年前爱因斯坦所预测的引力波被发现的消息。这真是一个令人振奋的好消息，让人忍不住为它鼓掌！

细川博昭

目　录

CONTENTS

CONTENTS

何谓科学理论

何谓科学理论

科学理论来源于科学家的思考，如："科学地阐释现象和实践""找到世界形成的机制"等。虽然其核心部分的理论化程度已经相当高，但学科方面还有很多未涉足的领域，因此理论的构建仍将继续。

◯ 科学理论的概念

所谓科学理论，是指对某一科学领域进行系统解释的知识体系。

它不是一个人一下子就能完成的，而是人类认识长期发展的总结，并以实践为基础建立起来的知识体系。没有实践作为基础，科学理论就无从谈起。

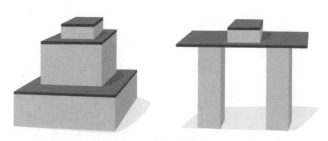

√ 科学理论的发展模式

科学理论的两大模式——累积模式和架桥模式。

科学理论除了累积模式之外，还有连接不同研究之间的架桥模式，在架桥上可以构建新的理论。在现代，后者的比重越来越大。

在思想实验中，相对论就像将堆叠的箱子堆成像高塔一样高。爱因斯坦确信相对论的正确性，预言了各种可能性，并将证明和部分发现交给了后来的学者和未来的先进科学。

那些科学预言、预测全都被证明了，被称为最后一个预言的引力波也在2016年被发现。这样的研究成果，会被接下来的科学理论切实地继承下去。

20世纪实际上是科学时代。科学所涉猎的领域从百亿光年的巨大空间延伸到微观领域的基本粒子，在不同的场所和领域都有很多科学新发现。在此基础上，诞生了无数的科学理论种子，迫切地需要产生将不同领域的研究融合在一起的全新理论。科学家们历尽千辛万苦，终于在20世纪达成了这个目标，这个全新理论就是量子论。

在量子论形成之前，许多研究人员参与其中，是因为从种子理论中长出的新芽遍布在广阔的领域里。

量子论在诞生之初就拥有广阔的苗床，可以与周围其他领域相结合，产生新的理论。众所周知，无论是对基本粒子进行研究的基本粒子论，还是对以量子化学为基础的化学领域，量子论都做出了巨大贡献。半导体的理论和技术也是从这里诞生的，量子论在探索恒星内部核聚变等方面发挥了很大的作用。

科学飞速发展的20世纪，既是一个深化和提高原有科学理论的时代，同时又是一个为应对新情况，不断尝试与不同科学领域的理论相结合、相融合的时代。只要科学继续进步，科学理论

√ 量子论诞生的原理

不断升高的小山山脚下的土地慢慢开始与周围的山相连，在比较容易连通的山与山之间架设桥梁，并在桥梁上构筑新的结构。同理，可以在原有理论的联系之上建立新的理论，这就是量子论诞生的原理。

就会永远持续地发展下去。

正如心理学与脑科学有着紧密的联系一样，科学以外的学问也会从特定的科学理论得到启发，进而取得更大的发展。

崇尚理论的科学家的初心与 20 世纪的氛围

怀有探寻新发现、探寻真理愿望的科学家不在少数，物理学领域的研究人员的这种倾向尤为明显。

缓慢发展了一两千年的科学，到了 20 世纪一下子切换为高速奔跑模式。不由得让人深深感到生存在 20 世纪的物理学家探寻真理的使命感是如此强烈。

回想当时的情景，作为 20 世纪研究物理学的学者，竹内薰说："总感觉时代在催促你'快点、再快点'"。20 世纪难道不正是为了不断推进科学及其理论发展而存在的吗？

第 1 章

Chapter_1

宇　宙

1 宇宙形成的理论

宇宙膨胀理论、大爆炸理论

宇宙有起源。"大爆炸"这一名词已经为众人熟知，在逐渐了解了大爆炸之前以及大爆炸刚刚发生时的情形后，人们终于看清了物质的起源和宇宙的初期面貌。

◯ 19 世纪之前的宇宙观

在一二百年前，人类所认识的世界非常狭小，而且，曾经认为已知的世界就是"宇宙"。

由于人类无法想象微观世界、比微观世界更小的世界以及在几万光年之外发生的事情，所以人类理解的世界机制和法则都是依据身边的事件构想出来的。

早晨太阳升起，傍晚太阳落下。地球静止不动，运转着的是天空中的星星，人们这样想也是很自然的。对于从古代到中世纪的人们来说，地心说无疑是一个无可争议的事实。

然而，朝着地平线和水平线不断前进的话，会到哪里呢？世界是从什么时候开始的呢？有不少人会产生这样的想法，也有人会冒着生命危险，探索世界的尽头。正因为有这样一群人的探索、冒险甚至是牺牲，"地球是圆的"这一事实最终得到了证实。

随着望远镜的发明，我们了解到太阳和月亮位于距离地球很远的地方。随着被发现的行星越来越多，人们开始讲述宇宙的广度。宇宙比人类所知道的要大得多，神话传说所说的宇宙并不是其真实面貌。

人们开始意识到世界的起源与神话和圣经所讲述的内容并不相同。但是，在找到"真相"之前花费了很长时间。

究其原因，主要是科学理论不成熟，同时缺乏验证世界真实面貌的科学技术手段。

⬤ 爱因斯坦的一大步

到了 20 世纪，科学家开始思考通过基于物理学的理论来展示宇宙现在和未来的面貌。因为他们确信，过去一百年来快速发展的科学和在这一过程中形成的科学理论可以使其成为可能。

图 1　神话中的宇宙观：古印度

古代的宇宙观和神话传说紧密地联系在一起。这里列举的是古印度的宇宙观。世界在乌龟壳上方，站在乌龟壳上面的大象支撑着世界。太阳和月亮围绕着世界中心的山（须弥山）运转。

爱因斯坦就是这样的科学家中的一员。

创立相对论、向引力场的世界迈出一大步的他，发现这个理论可以用于解释整个宇宙。他试图利用这种理论来描绘宇宙的现在和未来。

爱因斯坦认为宇宙是各向同性扩展的三维球面。地球的表面也是三维的，如果朝着某个方向笔直地前进的话，总有一天会回到同一个地方。他根据当时的常识认为"宇宙没有开始也没有结束，是普遍存在的"，并进行反复计算。

爱因斯坦所描绘的宇宙只有在这一刻才是稳定的，在未来，由于物质之间存在的万有引力作用，宇宙可能一下子被摧毁，爱因斯坦就是有这样矛盾的想法。

为了解决这一矛盾，爱因斯坦在自己的引力场方程中加入了能生成对抗宇宙收缩的力的宇宙常数，这就是爱因斯坦的静态宇宙模型。

哈勃定律

1929 年，埃德温·哈勃发现了宇宙膨胀。通过各个星系发出的光的波长向红外线一侧（长波）移动的多普勒效应（即红移现象），可以确认遥远星系正在远离银河系，并且退行速度与它们和地球的距离成正比。这就是所谓的哈勃定律。用于观测的是一种叫作脉动变星的变光星，以它的绝对光度为基础来确认观测到的星系之间的距离和视向速度。显示宇宙膨胀速度的常数被命名为哈勃常数。

通过哈勃的发现，可知宇宙不是静态的，而是动态的，它一直在膨胀。很长一段时间以后，爱因斯坦被迫放弃了自己提出的静态宇宙模型，并宣称"引入宇宙常数是他一生中所犯的最大错误"。

　　哈勃的发现，是乔治·勒梅特基于相对论和量子力学提出大爆炸假说并奠定其理论的基石之一。1927—1933 年，勒梅特发表了《从量子力学的角度看宇宙诞生》等论文，发展了膨胀宇宙论。他对当时作为主流的连爱因斯坦等人都深信不疑的"宇宙没有开始也没有结束"的静态宇宙论提出质疑。乔治·伽莫夫追随其后提出了"诞生之初的宇宙就像灼热的火球"的火球宇宙论。

　　这一系列理论的正确性得到认可，勒梅特和伽莫夫所描绘的宇宙，奠定了近代宇宙论的基础。

图 2　膨胀的宇宙示意图

宇宙像气球一样不断膨胀，没有停止的迹象。

即使哈勃的发现被证实是正确的，也有很多人支持宇宙膨胀论，但仍然有很多天文学家坚决不承认宇宙有开始、宇宙在持续膨胀，并试图寻找宇宙没有开始的证据和理论。既是天文学家又是科幻小说家的弗雷德·霍伊尔就是其中之一。他在某广播节目中将勒梅特的理论说成"无稽之谈"。之后被称为宇宙开始的"大爆炸（big bang）"的称呼就来自他的这个发言，这对他而言无疑是莫大的讽刺。

之后，起始于大爆炸的宇宙诞生理论虽有补充或修正，但同时也发现了可以证明该假说正确性的全新的证据，使这一理论不可动摇。

- 宇宙有开始
- 大爆炸诞生的宇宙是高密度、超高温的
- 宇宙膨胀仍在持续

事实上，包括专家在内的很多人都接受了大爆炸理论。

从无到有的宇宙诞生

詹姆斯·哈特尔在 1983 年提出的"宇宙诞生于没有时间和空间的'无'"这一始于"无"的宇宙起源论，现在成了可能性极高的宇宙起源假说。

但这并不是包含时间在内已经被确定的说法，而是从理论导出的推测之一。

开始时，那里什么都没有，就连空间都不存在，是名副其实的"无"。然后，在那里诞生了极小的"点"，这就是宇宙的种子。

后来形成宇宙的所有物质填满了这粒种子，大小在 10^{-15} 米以下，比最小的原子核还要小得多。

距今 138 亿年前，这个点突然开始膨胀，而且是爆炸性地膨胀，在短短 10^{-36} 秒内膨胀了 10^{40} 倍以上。这就是所谓的暴胀宇宙理论（佐藤胜彦和阿兰·固斯提出）。

暴胀的宇宙在某一瞬间减缓了膨胀速度，因绝热膨胀而低温化的宇宙，由于进入膨胀减速状态，一下子变得高温化了。这是因为用于膨胀的能量被全部转化为光和热，因此，宇宙的温度远

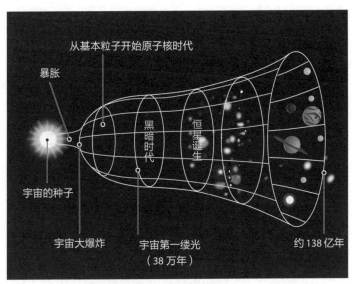

图 3　宇宙进化示意图

广义上说，宇宙的起源被称为大爆炸，严密一点儿说，宇宙开始于暴胀结束，物质和光产生的瞬间就是大爆炸。

远超过 1 兆开氏度（K），变得炽热，这一瞬间被称为"大爆炸"。

宇宙始于暴胀的学说，也被称为"暴胀宇宙理论""暴胀模型"。现在也有学者认为目前让宇宙膨胀的暗能量，与宇宙初期的膨胀有关，但仍是预测和假想阶段，具体由什么引起初期宇宙膨胀并没有定论。

四种作用力的分离和宇宙的相变

宇宙诞生后的 1 万分之一秒左右，就终结了一个时代。宇宙中存在四种作用力，即万有引力、强相互作用力、弱相互作用力、电磁力，它们的分离已经完全完成，这一系列过程也被称为力的进化。在该过程中，夸克产生，夸克之间相结合产生质子和中子。

在宇宙诞生的 3 分钟后，通过核聚变产生了氢原子核和氦原子核。但是，原子核还处于电离状态，并没有变成原子。

目前宇宙中氦约占 28%，但这个比例仅用恒星发生核聚变反应是无法解释的。宇宙初期形成的氦原子核吸收电子形成氦，由此计算出的氦的存在比例与现在氦的存在比例非常吻合。

宇宙第一缕光

虽然在大爆炸之后，宇宙还在继续膨胀，但是，此时宇宙还处于高温、高密度，光子也因为碰撞到质子、中子、原子核而不能直线飞行。宇宙就像是用基本粒子做成的浓汤。

宇宙诞生 38 万年后，宇宙的温度降低到 3000 开氏度（K）左右，原子就能以原子的形态存在了。

此时光子也可以在宇宙中直线行进了，宇宙的能见度突然变好，人们称其为宇宙第一缕光。但是，实际上宇宙还是一片漆黑。氢原子和氦原子虽然已经形成，但还是分散状态，还没有形成大的块状。

历经数千万年到1亿多年的时间，原子相互吸引而聚集。当原子密度比其他地方高时，周围的原子就会更多地被吸引过来。此时，人们认为存在于同一个地方的暗物质也有助于原子聚集。

不久，聚在一起的氢、氦等星际气体在自身的引力作用下开始收缩。后来它成了一颗恒星，但最初的恒星花费了约3亿年的时间才发光。因为之前宇宙处于黑暗之中，所以从宇宙第一缕光到第一颗恒星发光的这一时期被称为宇宙的黑暗时代。

目前宇宙中充满了2.7开氏度（K）的电磁波，这被称为宇宙微波背景，是3000开氏度（K）的宇宙第一缕光的余温。宇宙不断膨胀的结果是，存在于那个时期的光被拉长，变成了这个波长的电磁波，这被认为是大爆炸后宇宙高温的有力证据。

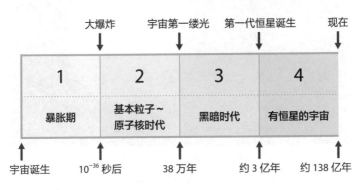

图4　宇宙进化的四个步骤

第一代恒星的诞生

宇宙诞生约 3 亿年后，第一代恒星诞生，这是宇宙重新亮起光芒的瞬间。第一代恒星跟现在的恒星相比要大得多也重得多。由于质量超过现在的恒星数十倍甚至上百倍，所以大多数第一代恒星在不到 500 万年的时间里就引起超新星爆发，最后在那里留下了黑洞。第一代恒星的表面温度高达 10 万开氏度（K），散发着蓝白色的光芒。

在第一代恒星发光的短暂时间内，其内部以超高速进行核聚变，产生了大量比氢还重的元素。受此影响，历经几代的恒星演变，诞生了岩石构成的行星（岩质行星）。另外，随着碳、氮、

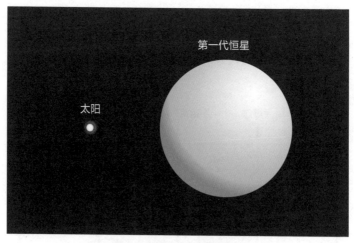

第一代恒星

太阳

图 5 宇宙第一代恒星的示意图

宇宙第一代恒星需要聚集比现在更多的星际气体才能开始核聚变并发光，因此它们的质量很大，散发着蓝白色的光芒。它们的寿命极短，只有几百万年。

氧向宇宙空间扩散，构成生命之源的分子也开始形成。

第一代恒星质量如此巨大是有原因的。现在的宇宙中存在一定数量的碳、氮、铁等比氢、氦重得多的元素，它们是在星际气体聚集成恒星的过程中被吸引过来的。这些重元素的存在有助于气体有效收缩，也就是说，进化后的宇宙中的恒星能够以比第一代恒星更小的质量做到充分收缩和发光。

但是，由于初期宇宙中只有氢和氦，所以，如果不收集到比现在恒星更多的气体，中心部位就不会因自身引力发生充分收缩。因此，可以推测，只有积蓄比现在更大的质量，才能达到核聚变所要求的密度和温度。

第一代恒星开始发光的同时，星系也在慢慢形成。在宇宙诞生约4亿年后，形成了最初的星系。

2 由暗物质和暗能量支撑的宇宙
宇宙的大部分不是物质

宇宙的真正主角不是物质，而是暗物质和暗能量，两者加起来的占比超过 95%。如果没有暗物质，宇宙就不是现在这样；如果没有暗能量，宇宙就无法继续膨胀。

● 物质——宇宙中的少数派

由夸克聚集而成的质子、中子等复合粒子最终形成了物质。在这个世界上，我们生活在物质的包围中，与物质共生共存，但是在宇宙中却存在着肉眼看不到的暗物质。

物质诞生于宇宙大爆炸时期，一般认为暗物质也是在同一时期或其前后诞生的。

虽然它是不明物质，但是如果没有暗物质（如果没有暗物质的质量），宇宙就不会进化成现在这样的形态，这一点已经通过计算得到了确认。我们的银河系和其他星系之所以会形成现在这样的星团，其实就是因为有暗物质。

而且从观测中得知，宇宙中不仅存在暗物质，还有被称为暗能量的神秘能量。摸不到、看不着的暗能量是使宇宙不断加速膨胀的主角。即使到了 21 世纪，暗能量的真实面目仍未被揭开，但它与物质、暗物质共同构成宇宙的重要组成部分这一点毋庸置疑。

2013 年，欧洲空间局（ESA）发布了人造卫星"普朗克"

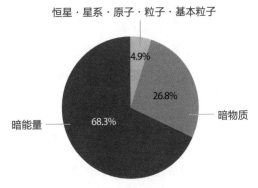

收集到的数据。从该数据可以看出，宇宙中的物质占 4.9%，暗物质占 26.8%，暗能量占 68.3%。

为了测量宇宙微波背景，获得初期宇宙高温的证据，美国国家航空航天局（NASA）在 2003 年发射了探测器"WMAP"，由 WMAP 获得的数据计算出的结果是暗物质占 22%~23%，暗能量占 73%，此结果比欧洲空间局发布的暗能量的占比要大一些，暗物质的占比要小一些。

无论是形成恒星和行星需要的，还是形成生物需要的，或者生命活动需要的，所有这些，统称为物质。直到最近，对我们来说物质才是世界的全部，因此，也自然认为从宇宙大爆炸开始的宇宙历史以物质为中心。

现在突然说物质只占整个宇宙构成物的 5% 不到，一定有很多人感到疑惑吧。

恒星 · 星系 · 原子 · 粒子 · 基本粒子

4.9%

26.8%

暗物质

暗能量 68.3%

图 6　宇宙中的物质和能量

人类坚信的世界主角——物质，在宇宙中的占比只有不到 5%……

● 暗物质在宇宙中的作用

我们知道暗物质是有质量的，而且很重。我们还知道，如果没有大量的暗物质，星系就不会是现在这样的结构，星系、星系群、星团构成的宇宙大尺度结构（见30页），也会变成我们所不知道的形状。

关于暗物质的真面目，除了预想为已知的粒子和基本粒子以外，接连出现了以黑洞和冷白矮星、棕矮星等不发光天体为中心的候选成员，并已得到了确认。但是，到目前为止，它们都不是全部。预想暗物质的真面目可能还有未知的粒子。

无法发现暗物质是因为暗物质与普通物质不发生任何反应，对电磁波也没有反应，所以人类目前的手段很难观测到。但是最近有人指出，暗物质之间有可能发生碰撞并消灭对方，因此，人们开始试图通过从根本不存在伽马射线源的矮星系中发出的神秘伽马射线，揭开暗物质的真面目。

我们生活的银河系看起来像一个圆盘，从圆盘中心呈螺旋状延伸出几只旋臂，周围是星际介质。被星际介质包围的球状部分是被称作银晕的区域，在那里，零星地分布着球状星团。暗物质就像覆盖在这个银晕上一般，整个银河系都被它包围着。相邻的仙女星系也是如此，现在两个星系正朝着合并的方向前进，它们之间巨大的吸引力来源于两个星系之间大量的暗物质。

银河系和仙女星系等通过引力相互连接，形成了一个叫作本星系群的小集团。本星系群由 3 个大的星系和以各自的伴星系为中心的数百个小星系组成。据推测，这些星系迟早会融为一体，形成巨大的星系。暗物质就像导演一样，操控着这个剧本。

尽管存在着足够的引力吸引星系，但却很难找到星系，原因之一是星际空间很"薄"。也有人推测，在这一瞬间地球内部也存在暗物质，但其质量只有500克。无论制造出多么精密的仪器，在地面上的观测都极其有限。

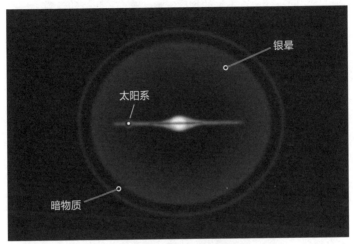

图7　围绕银河系的暗物质

就像呈球状包裹银河系的银晕一样，暗物质包围着整个银河系。

⬤ 恒星在星系中公转的秘密

大量暗物质聚集在一起形成块状的地方，会产生引力透镜效应，这与星系或黑洞的引力会使光线发生弯曲一样。暗物质团后方的恒星和星系，看起来会有偏差。利用引力透镜效应，通过光源的位移和二重像等，可以确认星系间暗物质的分布，此项研究正在进行中。

实际上，根据我们所属的银河系中恒星的公转速度也可以探测到暗物质的存在及其质量。

就像行星围绕恒星运行的轨道和速度的关系一样，在银河系中，恒星也被认为是越往外公转速度越慢。但是，实际测量恒星的公转速度时却发现并非如此。我们不得不认为，银河系的恒星和恒星之间有什么看不见的物质影响并改变了我们的预测。

例如，将唱片或 CD 等圆盘状的物体旋转起来，如图 8 中❶所示那样，横轴表示与旋转中心的距离，纵轴表示旋转速度。从曲线可以看出，在旋转的圆盘上，越靠近边缘部分速度越快，这就是圆盘的旋转。

而在行星等的运动中，离恒星的距离越远，行星运行速度越慢。就像图❷所示的那样。

在存在巨大黑洞的银河系中心，由黑洞产生的强大引力牢牢吸引着周围的恒星，因此，在距离中心特别近的区域，恒星就像坐在一个圆盘上一样移动。研究人员预测，从银河系中心引力影响力减弱的区域开始，周边区域的公转速度越往外越慢，因此，将图❶和图❷合成后，就会得到图❸。

但是，实际得到的数据却像图❹一样。银河系外缘部分的公转速度也没有下降，从中间到外缘，恒星以相同的速度围绕银河系中心公转。

同样的数据也来自对银河系以外的多个星系的观测。除非存在不可见的物质干扰恒星的公转，否则图不会是这样的。这种情况只能是暗物质造成的，包括银河系在内的所有星系都披着暗物质的厚外衣。

关于星系中实际存在的暗物质及其质量，我们又发现了另一个重要证据。根据 2012 年日本国立天文台的观测，太阳以每秒240 千米的速度围绕银河系中心公转。这是仅靠存在于银河系中的物质产生的引力不可能支撑的速度。从预想的银河系的质量来看，太阳的公转速度相当于将整个太阳系抛出银河系的速度，但是并没有这样的迹象。据说暗物质的质量所产生的引力也参与其中了，所以太阳才能以这样的速度围绕银河系中心公转。

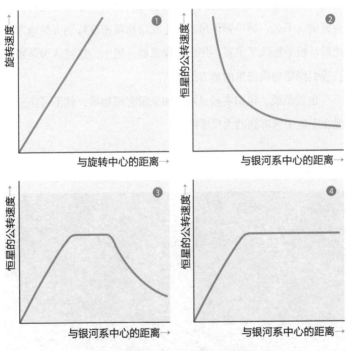

图 8　恒星公转显示暗物质存在的证据

该图简化了预测和观测数据。

◯ 宇宙的层次结构和暗物质

现在，在宇宙中，星系形成了星系群、星系团这样的集合，这些星系群（团）形成了巨大而复杂的网络结构。在星系众多的区域和星系较少的区域（超空洞），暗物质起到了"水手"的作用。

在初期宇宙中也有很多暗物质，如果跟现在的比例相同，应该是普通物质的5倍左右。不久，这些暗物质就形成了稍浓的部分和较淡的部分，密度不均匀。密度大的部分会进一步吸引周围的暗物质，形成团块。被其强大的引力所吸引，通常普通物质也会聚集。不久，第一颗恒星就诞生在暗物质密度特别大的地方。此后，恒星形成了星系，形成了星系群（团），这被认为是物质被吸引到暗物质密集的地方造成的。

也就是说，模拟实验显示，如果没有暗物质，就不可能形成现在宇宙中所看到的大尺度结构。

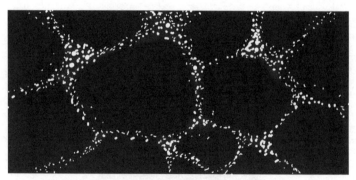

图9 宇宙的层次结构

宇宙中之所以有星系群（团）这样的大尺度结构，是因为暗物质的存在。

● 暗能量会增加吗?

也有研究者认为,暗能量与宇宙大爆炸之前的暴胀有关。但是,因为还不清楚那个时期宇宙的状态,所以很难进行证明和确认。

暗能量被认为均匀地存在于宇宙中。不可思议的是,即使宇宙膨胀,特定场所(领域)的暗能量也不会减少。

如果是一般的能量,假如体积膨胀 8 倍,那么同一体积的能量就会减少到原来的八分之一。但是,暗能量却不是这样。就像嘲笑能量守恒定律一样,它们的供给源源不断。

但是,这也并不是说宇宙的某个地方有几个大洞,暗能量源源不断地从那里泄漏出来。而是所有地方同时、实时地供应暗能量。因此,宇宙的膨胀不会减弱。怎么说呢,这简直是超乎常理的能量。

3 宇宙终结理论

宇宙膨胀理论、宇宙循环理论、宇宙塌缩理论

有一种说法认为宇宙的膨胀将会持续下去。但是，是逐渐膨胀缓慢死亡，还是被撕裂而终结，宇宙的未来还没有完全描绘出来。

● 不断变化的宇宙

宇宙并不总是处于同样的状态。正如埃德温·哈勃发现的远方的星系正在以高速远离的证据所示，宇宙至今仍在膨胀。由于这一发现，宇宙大爆炸的理论不可撼动，20 世纪 60 年代以后，支持"宇宙不会发生变化，将永远存在下去"的稳态宇宙理论的宇宙论研究者几乎消失。

宇宙中物质、元素的丰度比不断变化。在恒星诞生、死亡的过程中，宇宙中的氢被缓慢地消耗并转化为其他重元素。即使宇宙不膨胀，在遥远的未来，氢元素也会被耗光，不会发生由氢变成氦的核聚变。既然在变化，那未来的宇宙就不可能和现在一样。

● 宇宙的尽头

"宇宙有尽头吗？"这个问题和"宇宙有开始吗？"一样有趣。从结论来说，回答是"有"。

正如观测仪器证实了哈勃定律，宇宙正在膨胀，而且离得越远的星系，远离的速度越快，这意味着距离遥远的星系，其移动速度可能无限接近光速。

如果真的是离得越远，远离速度越快。那么，以某个距离为界，其移动速度就会超过光速。这样一来，从星系发出的光我们就看不到了。

我们无法观测到以超过光速的速度移动的星系发出的光，也就是说，完全看不见。我们可以把遥远的星系移动速度超过光速的这一区域看作是宇宙的尽头或宇宙的地平线。然而，虽然是尽头，但在它的另一边，可能也有广阔的宇宙，存在着星系。

我们认为光速是宇宙中最快的速度，没有什么速度能超过它，这个是正确的，但"空间"另当别论。空间膨胀的速度实际

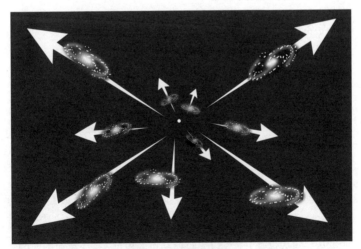

图10　正在远离的星系

当星系的移动速度超过光速时，我们就无法观测到它了。

上超过了光速。我们可以从这一事实描绘出宇宙尽头的一个画面。

还可以从观测的角度表示宇宙的尽头。宇宙现在被认为是138亿岁。就在这一刻，人们还在为发现与诞生时间接近的最古老的星系而努力，已经发现了133亿年前的星系。这是目前世界上最古老的星系，也是人类能够知道的最遥远的星系。

但是，对于遥远星系目前的位置，有必要考虑宇宙膨胀速度等因素进行修正。通过计算，这个星系现在的位置应该远在133亿光年之外400亿光年以上的地方。

计算结果显示，138亿年前宇宙第一缕光出现时的可观测宇宙现在在465亿光年之外，因此理论上的观测极限点——465亿光年之外也可以看作是宇宙的尽头。

◯ 如果由膨胀转为收缩

宇宙现在仍在继续膨胀。以暴胀、大爆炸开始的宇宙，如果什么都没有，也有可能转为收缩状态。实际上，这样的宇宙终结模型也被制作出来了。

在宇宙中存在的物质相互引力的作用下，以某个时刻为界，宇宙开始收缩，再次回到原始状态。以大爆炸的逆过程被破坏殆尽的宇宙模型，被称为大收缩。

爱因斯坦的脑海中也有宇宙大爆炸的气势不久就会衰弱、收缩的印象。因此在他的场方程中，以宇宙项的形式增加了一个让宇宙不被破坏的"斥力"。

从宇宙大爆炸开始，以大收缩结束的模型，是完整而美丽的，但也有研究人员认为这并不是终结。回到量子点的宇宙，极有可

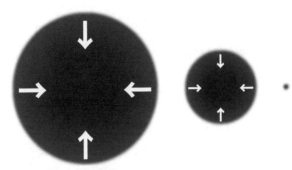

图11 使宇宙毁灭的大收缩

宇宙大收缩后，又回到了原始的"点"，这样的未来也被认为是有可能的，如果没有暗能量的话……

能以某种契机再次引发宇宙大爆炸，就像是在反复转世轮回一样，又诞生了新的宇宙。

这被称为宇宙循环理论。该理论认为，处于这种反复之中的宇宙已经经历了几次终结和重生，宇宙在反复死亡和再生的过程中，将永远延续下去。

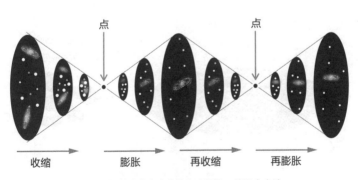

点　　　　　　　　　　　点

收缩　　　　膨胀　　　　再收缩　　　　再膨胀

图12 反复的宇宙大收缩和大爆炸：循环宇宙论

反复死亡和再生的宇宙形象。

如果继续这样膨胀下去的话……

但是，从现在各种各样的观测结果来看，发生大收缩的可能性几乎没有。

初期的宇宙，确实有过减速膨胀。如果一直是这样，大收缩也有可能发生，但是宇宙以某个时刻为界，开始加速膨胀。根据观测数据，那是距今80亿年前的事了。之后宇宙的膨胀再次加速，一直持续到现在，其主要原因就是前面提到的暗能量。暗能量的特点是即使宇宙膨胀也不会减弱。

如果不能揭开暗能量的真面目，宇宙的未来就很难准确地描绘出来。但从目前的情况来看，有两种可以预测的未来，那就是缓慢膨胀的未来和加速膨胀的未来。到时候不仅是恒星和行星，就连原子也会四分五裂，后者被称为大撕裂。也有专家认为，最坏的情况是宇宙在500亿年后就会变成这样。

为了掌握关键的暗能量的本质，摸索工作至今仍在继续。因为要想准确地描绘宇宙的未来，必须揭开这种能量的真面目。

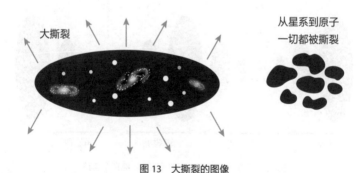

图13 大撕裂的图像

未来，原子也会被撕裂。

◯ 可能性最大的未来图像

当宇宙不再急速膨胀，而只是以同样的方式持续变化时，"终结"的意象就相当明显了。

前面已经说明了宇宙中散乱的星系形成了星系群、星系团这样的集合。例如，包括银河系和仙女星系在内的本星系群由半径约150万光年的40～50个星系组成。

构成集团的这些星系，在相互的引力作用下，在遥远的未来相互碰撞、融合，形成一个巨大的星系。实际上，我们的银河系和仙女星系正处于碰撞的过程中。

不过，相互之间引力的影响也就到此为止了。本星系群的引力对稍远一点的其他星系、星系团没有影响。

其他星系群和星系团也一样，依靠自身的引力无法影响其他星系群和星系团。万有引力太弱，即使星系群、星系团有一定的质量也无法相互吸引。只能被无情的暗能量控制，彼此之间像被切断一样被拉开。

从这一点可以看出，本星系群以外的星系，总有一天会超越光速到达宇宙尽头。如果在那个时候眺望夜空，就只能看到除了本星系群中的星星以外没有其他星系的寂寞夜空。当然，在那个时代出生的生物，或许连其他星系的存在都无法想象，也就根本不会有寂寞的感觉。

从宇宙的时间尺度来看，这样的时代可能1000亿年之后就会到来，也就是大约7倍从宇宙诞生到现在的时间。到了那时，包括我们所在的银河系在内的星系群所形成的"子"星系将成为宇宙的孤儿。

● 氢也会枯竭

末日也会降临到星系本身。在恒星诞生、爆炸到终结的循环中，氢被消耗殆尽。在遥远的未来，星系因氢的枯竭，无法发生核聚变。原本存在于星际空间的氢元素，在尽可能地提供了之后，就再没有供给了。

氢耗尽后，恒星将不再形成。而且，质量越大的恒星，核聚变反应越剧烈，其寿命也就越短。在氢耗尽的最后一刻形成的红色小恒星，其亮度是太阳的 100 倍以上，根据质量的不同，至少发光 1 万亿年，但终究会燃烧殆尽。资源耗尽的宇宙，将不会再被点亮。星系中的光芒会慢慢消失，最终宇宙将回归真正的黑暗。

所有的恒星燃烧殆尽，宇宙迎来"冰冷的死亡"，这种结局

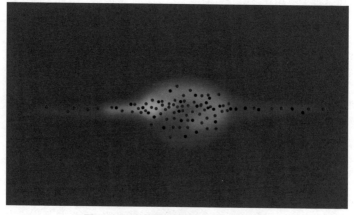

图 14　星系成为单独的存在，最终光芒消失

在被黑暗包围的星系中，只有零散的红星发出微弱的光芒，就像上千只萤火虫。

被称为大冻结。据预测，这将在 100 万亿年后发生。虽然这是无法想象的遥远的未来，但那一天总会到来。

在几乎接近绝对零度的极低温宇宙中，蒸发不完的黑洞零星分布着，只有能量低的极小粒子在飞来飞去，这样的时代可能将永远地持续下去。

而且，在 10^{34} 年后这个不可预测的未来里，质子的寿命也会崩溃。即使在那个时代之前，还保留着恒星形状的东西，也会因为质子的崩溃而无法形成恒星吧。

4　恒星的未来和寿命理论

恒星演化理论

恒星诞生地存在的尘埃和气体的量决定了诞生的恒星的一切，比如颜色、温度、寿命以及最终的结局。

● 由相同物质诞生的恒星

蓝白色的参宿七，红色的毕宿五和参宿四，浅黄色的南河三，恒星的颜色多种多样，甚至可以跟宝石的颜色媲美。这些恒星原本几乎都是由相同的物质组成的，不同的是它们诞生时存在的氢、氦等星际气体的量，以及它们开始发光时的质量。

随着星际气体聚集并慢慢地旋转和收缩，其中心部位的温度和压力逐渐升高，开始核聚变。一旦从中心开始核聚变，恒星就诞生了，直到恒星原料耗尽，生命走到尽头，它才会消失。

恒星可以发光的最小质量是太阳质量的 7.5%，这个质量的恒星是最小的，最大恒星的质量是太阳质量的数十倍。

恒星的寿命与其质量的 2 次方到 3 次方成反比。恒星开始发光时，内部的氢和氦以外的元素的量也会产生微妙的影响，因此很难准确地计算出它们的寿命，只能粗略地计算。

我们的太阳寿命大约是 100 亿年，以此为依据计算，质量是太阳 2 倍的恒星的寿命为 13 亿年到 25 亿年。宇宙中重量级的、质量是太阳数十倍的恒星寿命只有不到 1000 万年，但质量最小的恒星，有可能会闪耀 20 万亿年。

如此说来，同为恒星，寿命却可以相差 100 万倍，这着实令人惊讶。

⬤ 恒星都是成群结队的

大多数恒星是成群结队诞生的。现在，恒星刚刚诞生在猎户座的腰带——三星下若隐若现的大星云（猎户座大星云）之中。用望远镜看，可以看到那里刚开始发光的蓝白色星星。我们的太阳也不是单独诞生的，据推测，它诞生时在附近有很多恒星一起

图 15　猎户座大星云的放大照片

在猎户座大星云中，诞生了恒星，已经开始发光，这四颗恒星被称为猎户座四边形。

诞生。

恒星以密集的气体为基础，在同一时间或不同时间诞生。如果恒星和恒星之间有一定的距离，那么就会逐渐分开。但在同一气体云中，距离较近的恒星会因为引力相互吸引，形成相互围绕的双星系统。因此，宇宙中有很多双星系统。

双星系统是使计算恒星寿命变得复杂的存在。在双星系统中，通常一颗比另一颗质量更大，一般称质量较大的那颗为主星，质量较小的那颗为伴星。在这样的天体系统中，质量大的主星首先迎来了寿命终结。即使不引起超新星爆发，在生命末期也会将大部分的质量散落在宇宙空间。

从膨胀的恒星中流失的物质（质量）大部分被伴星接收。伴星接收气体会增加质量，改变光芒的颜色。同时诞生缓慢成长的小恒星，但当质量足够大时它就无法再继续缓慢成长了，因为增加的质量会缩短它的寿命。

另外，在双星系统中还会发生主从交替。例如，众所周知，蓝白色的天狼星有一颗白矮星的伴星，虽然现在这颗白矮星被降级为伴星，但在耗尽氢成为白矮星之前它是主星。由于它又大又重，所以提前成为白矮星。此外，天狼星也接收了一部分它的质量，所以天狼星的寿命也比原来短了。

● 恒星的颜色和寿命

虽然在日本经常说"鲜红的太阳"，但实际上太阳的颜色并不是红色，而是接近黄色或金色。恒星本来没有特定的颜色，是一种发出黑体辐射的天体，其颜色随温度变化而变化，完全由表

● **恒星光谱类型：哈佛分类法**

光谱类型		表面温度 /K	恒星颜色	质量	寿命	主星
传统分类	O 型	30000~50000K	蓝	重 ↑	短 ↑	
	B 型	10000~30000K	蓝白			参宿七
	A 型	7500~10000K	白~蓝白			天狼星
	F 型	6000~7500K	黄白			南河三
	G 型	5300~6000K	黄			太阳
	K 型	4000~5300K	橙			大角星
	M 型	3000~4000K	红			心宿二
追加分类	L 型	1000~3000K		↓ 轻	↓ 长	
	T 型	750~1000K				

光谱类型

● **赫罗图**

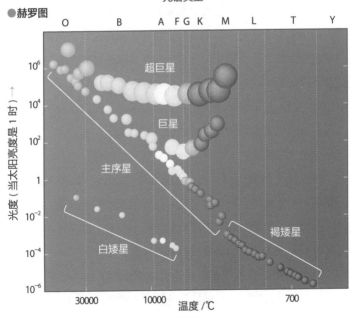

图 16　光谱类型和赫罗图

摘自《科学新闻一目了然的最新 800 关键词》(细川博昭等)。

面温度决定。

恒星的表面温度由低到高依次显示为红色、橙色、黄色、黄白色、白色、蓝白色和蓝色。恒星发出的光的光谱，根据颜色（温度）被分为 M 型到 O 型，每一个类型又分为 10 种。如上一页的分类，红色光温度约 3000K，黄色光温度约 6000K，蓝白色和蓝色光温度超过 1 万 K，也有达到 5 万 K 的。

红色的恒星体积小，亮度低，但寿命长，慢慢地消耗物质，持续发光。蓝色的恒星体积大、质量大、明亮，但很快就会结束它的一生。

前面的赫罗图展示了恒星表面温度和光度之间的关系。赫罗图以研究这个领域的两位天文学家的名字命名。

图中从左上至右下排列的主序带上的恒星被称为主序星。主序星在生命的尽头会膨胀，变成巨星。大部分随着膨胀，表面温度会下降，变成红色或橙色，被称为红巨星。

中、低质量的恒星不会引起超新星爆发，而以相对平稳的方式将表面气体吹走，只留下核心部分就结束了一生，留下的核心部分会成为白矮星。

恒星发光所需的质量约为太阳质量的 7.5%，如果不满足这一要求，恒星就不会发生核聚变。这样的星星不会发光，但是会发出红外线，微微发热，温度有时接近 2000K。这些既不能成为行星也不能成为恒星的星星被称为褐矮星。

成为褐矮星的条件是质量为太阳质量的 1.3% ~7.5%。如果将其与木星进行比较，褐矮星的质量是木星质量的 13~75 倍。由此可见，即使木星的质量是现在的 2~3 倍，它也不能成为褐矮星。

褐矮星不会发生核聚变，很快变成冰冷的天体。据推测，宇宙中有无数这样的天体。

虽然古代的赫罗图中没有褐矮星的记载，但现在有越来越多的人把褐矮星分类为 L 型和 T 型，排列在红色恒星 M 型的后面。

图 17　红巨星的图像

我们的太阳预计到末期会膨胀到直径为地球轨道直径的大小。

恒星的进化和最终形态

质量大、表面温度高的恒星，其核心部位温度高、压力大，在那里进行核聚变的速度也快，氢的消耗量也大，这就是这种恒星寿命短的原因。在大型恒星核心部位的高温高压环境中，不仅会发生氢变成氦的核聚变反应，还会发生生成碳、氮、氧的反应以及其他进一步的反应。这样的恒星的质量，也会影响它生命终结时的形态。

在宇宙中占据大多数的小而轻的恒星将成为红巨星，以比较平稳的方式吹散除核心部位之外的大部分质量，结束自己的一生。剩下的中心核成为白矮星，起初因高温而发着明亮的光，但由于内部核聚变已经停止，总有一天会失去光芒，成为黑矮星。即使质量是太阳质量 8 倍的恒星也会成为白矮星。

恒星的未来图像

- 质量达到太阳质量 8 倍的恒星
  成为红巨星，吞噬了内侧行星后吹散周围的气体，只剩下核心部位，成为白矮星。
- 质量为太阳质量 3~8 倍的部分恒星
  引起超新星爆发，完全爆散，什么都不会留下。
- 质量为太阳质量 8~30 倍的恒星
  超新星爆发后将成为中子星。
- 质量超过太阳质量 30 倍的恒星
  超新星爆发后中心部位会形成黑洞。

质量为太阳质量3~8倍的恒星中，通常会进行碳和氧的核聚变，但在进入以碳等为基础的较重元素的下一个阶段的核聚变时，只需要不到1秒的时间就会引发大爆炸，可能炸得支离破碎。这是被称为碳爆发型的超新星爆发。但是，这样大小的恒星也不是都会爆炸，经过少量的质量流失后成为白矮星的例子也是有的。

另外，质量超过太阳质量 8 倍的恒星在超新星爆发后剩下的核心部位会成为中子星或黑洞。

支撑恒星的力

在恒星内部，使恒星收缩的引力一直在起作用，而阻止恒星收缩的是氢核聚变产生的热（等离子体的热运动等）。如果两者保持平衡，中心和表层就会保持稳定状态，恒星就会持续发光。

当中小型恒星无法再进行核聚变时，恒星的中心部位将失去支撑，因无法与引力抗衡而迅速坍缩。与之相反，表层接收由中心抛出的物质，摆脱中心的引力逐渐膨胀（巨星化），向恒星周围的广大空间扩展开来，结果形成了行星状星云。在其中心，可以观测到正在演化成白矮星的核心。

另外，原始质量为太阳质量的 46% 以下的恒星，因氢核聚变反应停止，其主要成分是氦。

图 18　恒星向宇宙抛出物质后形成的行星状星云

行星状星云与超新星爆发相比，是更为安静的终结。图片所示是哑铃星云。

质量为太阳质量 0.46~4 倍的恒星，会进行下一个阶段的核聚变，因为中心核中含有碳和氧。更大一些的白矮星是含有氧、氖、镁的天体。这些都是在保持原子核形状的极限区域进行压缩形成的。刚形成的白矮星虽然在逐渐收缩，但会停止在某个区域，那时支撑白矮星的力是电子简并压力。

电子和质子的自旋为半整数，将这些粒子统称为费米子。同类型的多个费米子不能在同一地点同时拥有相同的量子态，这被称为泡利不相容原理（也称泡利原理）。

由于费米子除了保持一定的距离排列之外不被允许存在，所以即使以最大的效率排列，在白矮星中也会排成一定的距离，维持这种排列的压力和引力相抗衡，使它不会缩小到一定尺寸以下。

结果是白矮星与其他天体大不相同，会出现质量越大的白矮星尺寸越小这样奇怪的反转现象。但是如果质量过高，超过了能够支撑的极限，就不能维持白矮星的形状了。这个极限被称为钱德拉塞卡极限。

另外，这个极限值对所有的白矮星来说并不相同，构成元素的组成也略有不同。

● 支撑中子星的力

在质量超过太阳质量 8 倍的恒星的中心，会进行到铁的核聚变，但由于铁的能量稳定，会阻止核聚变。这时，铁吸收伽马射线，转变为中子和氦原子核。同时，向外的压力急剧减少，周围的物质涌入中心造成坍缩。当围绕原子核的电子被原子核捕获时，质子转变为中子。多余的中子不能存在于原子核内，所以它们会向外泄露，成为自由中子，然后原子核从恒星的中心消失，成为由自由中子组成的恒星。

此外，由突然收缩（引力坍缩）产生的冲击波会向外扩散，从恒星表层吹走大部分中间层。这是一种被称为引力坍缩型的超新星爆发。

在引力坍缩型超新星爆发的末期诞生的是中子星，质量超过太阳质量 30 倍的恒星会进一步发展成为黑洞。关于黑洞有很多内容需要介绍，所以我们以独立的章节进行详细的解释。

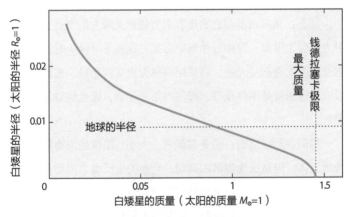

图 19　白矮星的大小和极限质量

质量为太阳质量的 90% 左右的中心核会成为地球大小的白矮星。白矮星的最大质量是太阳质量的 1.5 倍左右，以发现者的名字命名为钱德拉塞卡极限。如果白矮星的双星合并成为一颗，也有可能会超过这个极限成为中子星。

图摘自《黑洞与高能量现象》（日本评论家）

黑洞结构论

黑洞理论、黑洞蒸发理论

关于中子星，可以用一般的物理学～基本粒子论来解释。但是要了解黑洞周围和内部发生的事情，需要广义相对论的帮助。

黑洞的结构

质量超过太阳质量 30 倍的恒星在引起引力坍缩型超新星爆发时，中心核会坍缩到超过中子星存在的极限，最终成为黑洞。

据悉，黑洞内部存在密度和引力达到无限大的奇点，因此，引力井会无限深，当接近黑洞中心某一距离（半径）时，物体的逃逸速度就会超过光速，将该距离称为史瓦西半径。史瓦西半径形成的球面就是事件视界，即使内部有光源，光也绝对无法向外照射。

黑洞在形成之前，也是有颜色、大小、温度的由物质构成的普通天体。但是成为黑洞的瞬间，它会失去质量、角动量和电荷之外的所有物理量。当从事件视界之外观察时，所有黑洞都具有相同的性质，因此很难区分。明显的不同是由原始质量产生的引力的大小，它决定了史瓦西半径的大小。话虽如此，直接观测是不可能的，因此要知道其边界相当困难。

白矮星、中子星和黑洞的对比

白矮星、中子星、黑洞虽然统称为致密天体，但密度、大小、引力却有很大差异。

一般来说，太阳质量大小的中心核会形成地球大小的白矮星。太阳的直径是 140 万千米，地球的直径约为 1.28 万千米，太阳直径是地球直径的 109 倍。太阳质量是地球质量的 33 万倍。

像地球这样大小的白矮星已经足够紧凑和致密了，但是中子星的大小相当于把地球大小的白矮星压缩至其千分之一。因此，普通中子星的直径只有 10 千米左右。

如果进一步坍缩，使半径下降到事件视界以下，就形成了黑洞。在黑洞中，质量会有残留，但直径等其他物理量会消失，失去意义。

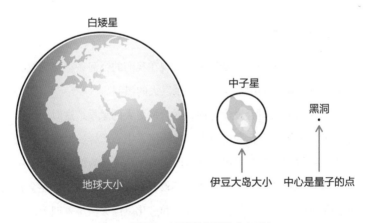

图 20　白矮星、中子星和黑洞的大小对比

● 黑洞的发现

顺便提一下，黑洞（black hole）这个称呼最早是在 1967 年提出的。但其实从 1916 年，德国天文学家卡尔·史瓦西通过计算得到了爱因斯坦场方程的一个真空解开始，对黑洞的研究已经持续半个世纪了。

当初，黑洞只是理论上的存在，但被吸引到黑洞的物质高速旋转下落时，辐射出强烈的 X 射线的情况，目前已经在相当数量的黑洞被确认。第一个被发现的黑洞是天鹅座 X-1。大量气体从质量是太阳质量 30 倍的巨星，流向一颗不发光的、质量约为太阳质量 10 倍的恒星。

流向黑洞的物质在黑洞周围形成的圆盘状的旋转体被称为吸积盘。天鹅座 X-1 从这里辐射出强烈的 X 射线。虽然黑洞里没有光和能量出来，但外面的吸积盘不同，通过分析从吸积盘出来的物质和强度，可以获得很多关于黑洞的信息。

● 银河系中心的巨型黑洞

随着寻找黑洞的不断推进，发现在我们的银河系存在黑洞，特别是在银河系的中心，存在一个巨大的黑洞。

星系之间有时会发生碰撞，融合成更大的星系，这时，位于中心的巨大黑洞也会变得更大。像银河系中心那样的黑洞被称为超大质量黑洞。超新星爆发之后形成的黑洞被称为恒星级黑洞。

银河系中心的超大质量黑洞不仅会吞噬周围的物质，还会吞噬闪耀的恒星，这样就会不断成长和进化。巨大恒星末期形成的恒星级黑洞也会被吞噬，成为超大质量黑洞的一部分。

虽然发现了质量为太阳质量十倍至数百倍的中等质量黑洞，但其形成过程一直是个谜。现在，在稠密的星际气体中，如果在近距离内诞生大量巨大的恒星，那么短时间内到达生命尽头的恒星就会陆续成为黑洞，它们融合在一起就会成为中等质量黑洞。这样的中等质量黑洞也会"坠落"到银河系中心，使那里的超大质量黑洞不断成长。

位于银河系中心的黑洞能成长到什么程度还不清楚，但是在英仙座星系 NGC 1277 中发现的黑洞其质量是太阳质量的 1200 亿倍，堪比小型星系。如果把这个黑洞放在太阳的位置上，史瓦西半径将吞噬海王星以外的所有柯伊伯带。

图 21　仙女星系

跟银河系一样，在仙女星系的中心，也存在巨大的黑洞。

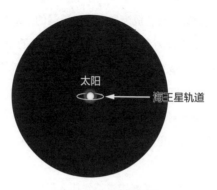

太阳

海王星轨道

图 22　巨大黑洞的图像

如果将在星系 NGC 1277 中发现的超大质量黑洞放置在太阳位置，其距离将扩大到海王星轨道的约 11 倍，巨大得令人难以置信。据说它的质量相当于一个小型星系的质量，简直超乎想象！

● 奇点的种类

前面说过，在黑洞的中心存在密度和引力达到无限大的奇点，但实际上这个解释不充分，也不正确。因为这是假设黑洞不自旋转（不具有角动量）时的计算结果（史瓦西解）。因此，不自旋转的黑洞被称为史瓦西黑洞。

黑洞的母体恒星通常是自转的。众所周知，由于辐射出规律的电磁脉冲而被命名的脉冲星，它的真实身份是中子星，有强烈的磁场，并且高速旋转。脉冲星的自转速度之所以快，是因为大直径恒星在保持角动量不变的情况下缩小了半径。这与进行旋转的花样滑冰选手将手从张开的状态拉到身体一侧的瞬间，旋转速度就会加快的原理相同。

即使成为黑洞也能维持角动量的情况不在少数。在这样的黑洞中，受到强大引力的影响，周围的空间被想象成椭球（旋转椭球体）形，被拖拽着自转。

这种被拖拽的空间被称为埃尔戈球。在这样的黑洞中，在该事件视界中存在的奇点也是环形的，而不是以点的形式存在。根据得出这一计算结果的罗伊·克尔的名字，将旋转的黑洞称为克尔黑洞。

● 黑洞蒸发

过去人们认为黑洞是永久不灭的存在，其实不然，它有可能逐渐失去质量而"蒸发"。提出这一理论的是斯蒂芬·霍金，是在1974年提出的。在以广义相对论为基础讨论的黑洞理论中加入量子论后，新的事实浮出水面。

我们生活的"时空"，乍一看好像什么都没发生。但是，在基于狄拉克理论的量子论中，一般认为在微小的领域中，物质和反物质相遇并释放能量而消失的"对湮灭"和能量从物质和反物质相遇中产生的"对生成"一直在发生。

霍金主张，即使在黑洞附近，也会发生这样的"对生成"。如果诞生的粒子中，正粒子飞向宇宙，只有反粒子掉进了黑洞，那么掉落的粒子将在黑洞内部"对湮灭"。

从外部看，这就像物质从黑洞中逃逸了一样。实际上，这样的积累会慢慢地使黑洞变瘦。这证明了黑洞并不是永恒的存在，它也有终结。

在遥远的未来，黑洞可能会蒸发，但像银河系中心那样的超大质量黑洞，如果蒸发肯定需要漫长的时间。在只有少量基本粒子飞来飞去的宇宙中，存在着像陷阱一样的黑洞。如此凄凉的宇宙，其终结也在预料之中。

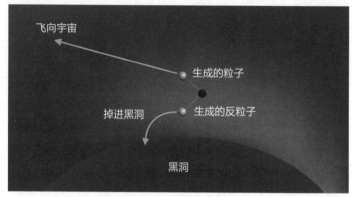

图23　掉进黑洞的反粒子

如果"对生成"的反粒子掉进黑洞，黑洞就会慢慢变瘦。

第 2 章

Chapter_2

物 理

1 发展的基本粒子论

基本粒子论

基本粒子是构成物质的最小或 / 及最基本单位。在不断发现基本粒子的 20 世纪，随着基本粒子的分类和对其再认识的深入，基本粒子论得到了很大发展。

⬤ 发展变化中的基本粒子模型

岩波新书中有一本名为《基本粒子》（第 2 版）的书，由汤川秀树、片山泰久、福留秀雄合著，1969 年 3 月发行。这本书介绍的基本粒子，除了质子、中子、电子、光子、中微子、缪子之外，还有 Δ（德尔塔）粒子、Λ（拉姆达）粒子、Σ（西格玛）粒子、Π（派）介子、H（依塔）介子、K（卡帕）介子等。但是，夸克（该书中的名字是科克）被视为幻影粒子。

所谓基本粒子，首先是指不可再分的物质最小单位。认识到原子是由原子核和电子构成的，原子核也是由质子和中子构成时，使得从古代开始就深信不疑的原子是物质的最小单位这一说法被推翻了。

我们开始了解原子核中的质子数和围绕原子核旋转的原子轨道决定了原子的性质，原子的性质具有周期性。于是，周期律这一词汇也开始被使用。剖析了原子核的构造之后，质子和中子又开始被称为基本粒子，一度被认为是最小的粒子。但是，在那之后又发现了 Δ（德尔塔）粒子、Λ（拉姆达）粒子、Σ（西格玛）

粒子等基本粒子，随着汤川秀树预言存在的具有核力［结合原子核内核子（质子和中子）的力］的介子被发现，基本粒子的数量进一步增加。

表1 基本粒子大事年表

年份	人物等	基本粒子·大事记
1897年	约瑟夫·汤姆生	发现电子
1911年	欧内斯特·卢瑟福	描绘了原子模型图像
1913年	尼尔斯·玻尔	提出了原子结构模型
1918年	欧内斯特·卢瑟福	发现质子
1919年	欧内斯特·卢瑟福	轰击原子核的实验
1920年	欧内斯特·卢瑟福	预言了中子的存在
1932年	卡尔·安德森	发现正电子
1932年	詹姆斯·查德威克	发现中子
1934年	恩利克·费米	建立了 β 衰变理论
1935年	汤川秀树	预言了 Π（派）介子的存在（介子论）
1937年	安德森等	发现缪子
1947年	塞西尔·鲍威尔	发现 Π（派）介子
1947年	罗切斯特等	发现 K（卡帕）介子
1948年	加德纳·拉特斯	人造出 Π（派）介子
1952年	布鲁克林国家实验室	发现 Λ（拉姆达）粒子、Σ（西格玛）粒子、Ξ（克西）粒子
1955年	张伯伦等	发现反质子
1956年	弗雷德里克·莱内斯	发现中微子
1963年	默里·盖尔曼等	提出了夸克模型
1964年	彼得·希格斯等	预言了希格斯粒子（希格斯玻色子）的存在
1969年	SLAC 国家加速器实验室（原名斯坦福直线加速器中心）	发现并证实了夸克（上夸克、下夸克、奇夸克）
1973年	小林诚、益川敏英	提出了小林·益川理论

（续）

年份	人物等	基本粒子·大事记
1974 年	伯顿·里克特等	证实了 J/ψ 介子和粲夸克的存在
1979 年	德国电子同步加速器研究所	间接证实胶子
1983 年	卡洛·鲁比亚	在弱作用传播子 W± 和 Z° 的大规模实验中，发现 W 及 Z 玻色子
2012 年	欧洲核子研究组织	成功探测到希格斯玻色子

如果认为在核子、介子、Λ（拉姆达）粒子等新发现的粒子内部，存在着未发现的、真正意义上的基本粒子的话，就可以解释很多现象，基本粒子的数量也会大幅减少。当关键的夸克理论完成并发现了上夸克、下夸克和奇夸克时，基本粒子论终于告一段落。

从上一页的大事年表可以看出，《基本粒子》是在夸克的存在被证实之前撰写完成的。汤川博士等人虽然也知道夸克的存在，但那时只是未知的假想粒子，故在书中只是一笔带过。

正如汤川秀树所说，"支撑近代基本粒子论的是量子力学和狭义相对论"，只有从这些角度出发，我们才能看到基本粒子的轨迹和真面目。另外，因为有了高能量的实验环境和超高精度的观测装置，使得发现未知基本粒子成为可能。

发现预言存在的希格斯玻色子整整花了半个世纪的时间，当然这也是因为 20 世纪 60 年代后的这半个世纪里，相关环境还不够完善所致。

基本粒子之间的区别

如右页所示，将基本粒子归纳成一览表。

6种夸克以及归入轻子的电子、缪子、中微子等构成物质的基本粒子被统称为费米子。另外，就像电子的正电子一样，费米子也存在各自的反粒子。

此外，传递作用力的粒子是玻色子。除了光子以外，在强子内部连接夸克产生"强相互作用"的胶子、提供质量的希格斯玻色子也被划分到这一类。在玻色子中，希格斯玻色子称为标量粒子，希格斯玻色子以外的所有玻色子称为规范玻色子。规范玻色子具有整数值的自旋（自转），而标量粒子的自旋为零。

表2　基本粒子一览表

		第一代	第二代	第三代
费米子	夸克	上夸克 u	粲夸克 c	顶夸克 t
		下夸克 d	奇夸克 s	底夸克 b
	轻子	电子中微子 v_e	缪子中微子 v_μ	τ中微子 v_τ
		电子 e	缪子 μ	τ子 τ
玻色子	规范玻色子	光子		W及Z玻色子
	标量粒子	希格斯玻色子		

注：不包括理论上的基本粒子。

曾经作为基本粒子代表的质子和中子是由多个夸克构成的，因此现在被称为复合粒子，而不是基本粒子。虽然被赶下了基本粒子的宝座，但它仍然是构成物质的重要基础粒子。

之前提到的 Λ（拉姆达）粒子、Σ（西格玛）粒子、Ξ（克西）粒子等也和质子、中子等核子一样，是由多个夸克构成的复合粒子。以 Π（派）介子为代表的介子也是如此。我们将这里所列举的复合粒子及其反粒子统称为强子。

原子核等也是广义上的复合粒子。另外，复合粒子中还包括电子和其反粒子——正电子围绕同一个中心旋转形成的特殊原子——正电子素。

⬤ 质子和中子的结构以及原子核的图像

质子和中子是由 3 个夸克构成的，由 3 个夸克构成的强子被称为重子。例如，质子由两个上夸克（电荷为 $+\frac{2}{3}e$）和一个下夸克（电荷为 $-\frac{1}{3}e$）构成。中子由一个上夸克和两个下夸克构成。内部结构被标记为 [uud] 的质子因为电荷为 $\left(\frac{2}{3}+\frac{2}{3}-\frac{1}{3}\right)e$，所以

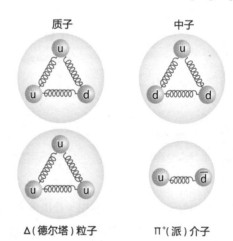

图 1　质子、中子、Δ（德尔塔）粒子、π⁺（派）介子的内部结构

质子由 [uud] 这 3 个夸克构成，中子由 [udd] 构成，Δ（德尔塔）粒子由 [uuu] 构成，π⁺（派）介子由 [ud̄] 两个夸克组成。反下夸克的电荷为 $+\frac{1}{3}e$，上夸克的电荷为 $+\frac{2}{3}e$，所以 π⁺（派）介子的电荷为 $+e$。

电荷为 +e；标记为 [udd] 的中子因为电荷为 $\left(\frac{2}{3}-\frac{1}{3}-\frac{1}{3}\right)e=0$，所以电荷为 0。

顺便说一下，Δ（德尔塔）粒子（共4种)由3个上夸克[uuu] 构成，Λ（拉姆达）粒子是中子中的一个下夸克被奇夸克代替，即由 [uds]构成。

相反，介子是由一个夸克和一个反夸克组成的复合粒子，例如，Ⅱ⁺ 介子由上夸克和反下夸克组成，Ⅱ⁻ 介子由反上夸克和

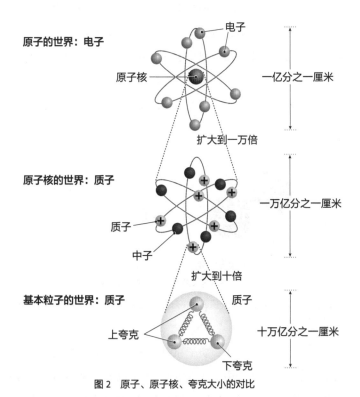

图 2　原子、原子核、夸克大小的对比

夸克的大小约为原子的十万分之一。

下夸克组成。

在进一步论述之前，先介绍一下原子和原子核的大小。原子围绕在原子核周围的"原子的世界"大约是一亿分之一厘米大小。原子核比它还要小4个数量级，约为一万亿分之一厘米。质子和中子的大小约为十万亿分之一厘米。

通过比较原子和原子核的大小可以知道，原子内部其实是空的。如果以原子核的尺寸来观察，会感觉电子就像在遥远的地方旋转。

但是，实际上在原子核内部，某种意义上也可以说是空空如也。与电子对比来看比较容易理解，像过去那样将质子和中子粘在一起描绘的原子核图像现在也有很多，但实际上，在原子核中，质子和中子在互不接触的轨道上各自运行。就像电子在这样的轨道上运行时具有自旋（自转）一样，在原子核内部轨道上运行的质子和中子也具有自旋。

 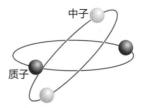

过去原子核的图像：质子　　　现在原子核的图像：中子

图3　原子核的图像：以氦原子核为例

就像电子围绕原子核旋转一样，质子和中子也围绕原子核按各自的轨道旋转。质子和中子互相接触的图像已经是过去式了。

另外，在原子核中，质子和中子一直在变化。带正电的质子变成不带电的中子，中子变成质子。像接力棒一样传递电荷的是汤川秀树预言的介子。介子的相互作用产生强大的核力，使原子核内部的质子和中子紧密地结合在一起。

顺便说一下，核力比正负电荷相互吸引的电磁力大两个数量级左右。因此，核力可以抵消有相同电荷的质子之间的斥力并使其结合在一起。但是，这种力只能在像十万亿分之一厘米这样微小的距离上发挥作用，也就是说，在人类日常生活的世界中是看不到它发挥作用的。

在论述结合核子的核力时，有时会用"基本粒子就像被封存于深井底部一样"来形容，这个比喻很奇妙。

这个井口，极其狭窄。不无限接近井沿的话，就不会掉下来。所以这口井也绝对不可能将远处的质子和中子吸引过来。

介子开创的场论

介子是汤川秀树预言存在的，后来被证实真实存在。汤川博士因介子论的功绩，成为首位获得诺贝尔奖的日本人。基本粒子不仅是构成物质的物质，其中的一部分还可以传递作用力，这对当今物理学中重要的场论的发展做出了贡献。

另外，关于传递作用力的基本粒子的真面目及其活动，在对 4 种作用力进行介绍的章节详细介绍。

2 爱因斯坦相对论

狭义相对论、广义相对论

基于光速不变原理，狭义相对论针对没有加速度的惯性系统建立。广义相对论将其扩展到有加速度的物体和引力场。时间和空间是不可分割的，这是爱因斯坦相对论的结晶。

⬤ 相对论

"对低速运动的所有惯性系统，牛顿力学都适用。"

如果简单概括伽利略设想的"相对论"，就可以得出这样的结论：无论是快速的交通工具，还是缓慢的交通工具，只要不是被加速（施加力）的情况，就适用与静止的地面相同的物理定律。地球本身既有自转也有公转，尽管如此，我们还是感觉它是"静止的"，我们看到的物理定律也适用于静止的情况，这就是所谓的伽利略的"相对论"。

在日常生活、日常空间的普通物理学范畴内，不会产生矛盾，因为在时间的流逝过程中无法看到物理定律的变化。然而，在宇宙尺度的特殊情况下，伽利略的"相对论"就出现了破绽，需要更大尺度的理论来解释。

⬤ 光速不变

真空中的光速（每秒 29.979 万千米）不会随着情况发生变化。

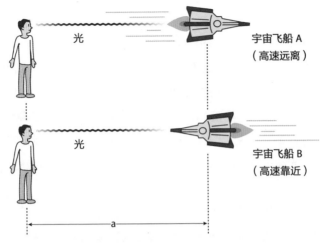

图 4 即使光源移动，光速也不会变化

不管发光的物体的方向和速度如何，如果发光距离相同，光就会在同一时刻到达静止不动的观察者。高速远离的宇宙飞船 A，高速靠近的宇宙飞船 B，不管哪个宇宙飞船发出的光，经过 a 的距离的时间都是一样的。即使观察者移动，光速也不会发生改变。

无论观察者做什么运动，光源做什么运动，观测到的光速都是一样的。

　　举一个极端的例子，假设宇宙飞船以 20% 的光速移动，从宇宙飞船发出的光，不管宇宙飞船往什么方向移动，停留在宇宙空间的观察者测量到的光速都不会变。宇宙飞船的速度不会与光速相加，即使是来自逐渐远离的宇宙飞船的光，光速也不会减少20%。如果把光看作是波，也许更容易理解。这一真理被称为光速不变原理。

狭义相对论

那么，如果我们以同样的速度追赶并观察宇宙空间中的光，会发生什么呢？如果光速不变，发生改变的是什么呢？有一段时间爱因斯坦一直在思考这个问题。

后来，爱因斯坦在光速不变原理的基础上，又融合了伽利略的"相对论"，认为"在匀速运动的惯性系中，牛顿运动定律以及电磁定律等所有物理定律都有效"，这就是爱因斯坦的狭义相对论。

地球一边自转一边围绕太阳公转，我们也知道太阳带着地球和其他行星在银河系公转。被认为是静止不动的地球实际上并不是静止的，它一直以意想不到的速度在运转，但是所有的物理定律都有效。当我们重新认识这一点时，爱因斯坦的狭义相对论无可置疑。

然后，重新面对光速的爱因斯坦，直觉变化的是时间。以光速的 20%、30% 移动的物体中，因为光速不变，时间的流逝会因速度变快而变慢。然后，在无限接近光速的物体中，时间无限地变慢。也就是说，不同速度的物体之间，时间的流逝会有差异。

能达到接近光速的宇宙飞船飞到其他星系再返回地球的科幻小说、电影、动画片过去已经制作了好几部，在这些作品中，宇宙飞船的乘员只老了几个月到几年（实际上，在船内也只经过了这么长时间），而在地球上却已经过了好几年甚至几十年。这种时间的偏差，在日本古老的民间故事中有个名字，叫作浦岛效应。

1905 年，爱因斯坦发表了一篇总结这些思考的论文，也就

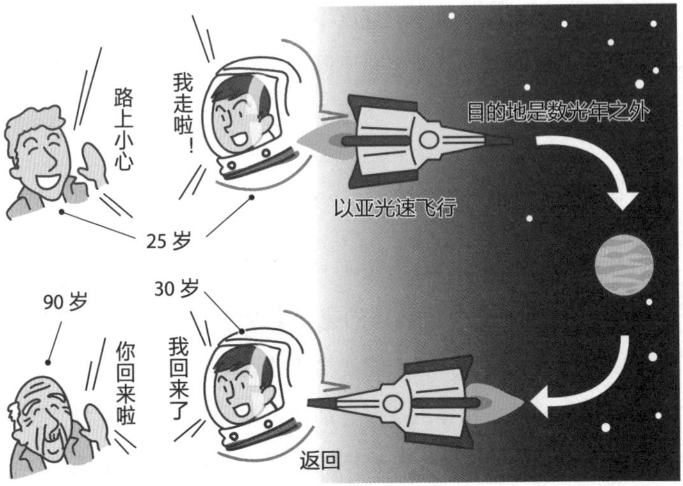

图 5　浦岛效应

例如，以亚光速飞向数光年之外的目的地，回来的宇航员和在地面上等待的人，在变老程度上有很大差距，这就是浦岛效应。

是狭义相对论。论文中提到的"时间延迟"最初是理论推导出来的"预言"，但后来被证实。

从高速行进的物体上观察时，到目标的距离（它们之间的"空间"）会因时间延迟而"缩短"，这也是能从狭义相对论推导出的效果。

如果我们能制造出以接近光速的速度飞行的宇宙飞船，那么就有可能拜访几百光年之外的恒星。即使在地球上需要数百年的时间才能返回，但飞船内部的时间也就是数年或者数十年，具体取决于飞行速度。狭义相对论表明，这样的事情是可能发生的，虽然这些情况在牛顿的经典力学中是无法想象的。

从狭义相对论推导出的时间延迟在接近光速的区域非常明

显，当然在比光速慢得多的速度下也会发生。两个人乘坐不同速度的交通工具时间的流逝也是不同的，只不过在日常生活中，这种差异非常小，所以你根本注意不到它。

⬤ 质量和能量等价

狭义相对论的内容还有很多。从光速不变原理出发，光速无法超越，因此要想使运动物体的速度接近光速，需要极大的力量，但即使施加再大的力，也不能使物体的运动速度超过光速。

抵抗加速的是物体的质量，加速重物需要大量的能量。狭义相对论表明，如果你试图将物体加速到接近光速，那么该物体将变得无限重。

换句话说，具有质量意味着即使在静止状态下也具有与该质量相对应的能量。从广义上讲，质量和能量是等价的，爱因斯坦正式提出了这一理论。

那就是著名的方程式"$E = mc^2$"。

换句话说，质量可以转化为能量。核能发电和核弹技术都是根据这个公式将质量转换为能量的。

例如，当铀 235 原子核分裂成两个，并产生两个新原子时，两个原子核比原始原子核轻一些，缺失的质量转变为能量释放。核能在 20 世纪得到了很快的发展，因为即使是很小的质量也能产生巨大的能量。

在恒星内部发生由氢转变为氦的核聚变时，氢转变为氦后减少的质量也转化为能量。因此，我们的太阳可以持续发光一百亿年之久，这也是狭义相对论解释的世界真理的一部分。

图6　$E=mc^2$

$E=mc^2$ 也是爱因斯坦狭义相对论的象征。

基于引力的理论：广义相对论

狭义相对论是特殊的，因为它解释了一种排除引力影响的简化情况。

例如，前面提到的以接近光速的速度飞行的宇宙飞船，就没有计算加速的情况。为了准确确定加速的情况，必须在理论中加入引力。广义相对论已经意识到了这一点，并且对该理论进行了更广泛的扩展。

因此，广义相对论也称为引力理论。顺便提及，引力可以使物体始终保持恒定的加速度（恒定加速度运动状态），通过离心力也可以产生相同的状态。车辆行驶时的加速和减速（加反向加速度）也是一样的。在电影和动画中，经常能看到大型宇宙飞船和空间站沿着甜甜圈形的轨道运转，无非就是利用离心力来模拟引力。

众所周知，从地面飞向太空的宇宙飞船需要以重力加速度的几倍进行加速，以摆脱地球的引力。重力加速度的几倍使用在重力加速度的符号 g 前加数字来表示。

加速度和引力可以视为等价的事实被称为等效原理。通过等效原理，爱因斯坦成功地将相对论引入了所有情况，而不仅限于匀速运动的惯性系。

物质就是能量的集中，所以物质产生的引力会使空间弯曲，空间的弯曲会影响物体的运动。反过来，运动的物体也会干扰并影响时空的弯曲。在这样的事实的引导下，狭义相对论看不到的东西开始显现出来。

这与水星轨道偏离的理论很吻合，每次公转，水星最靠近太阳的近日点的位置都会稍稍偏移，这超出了环绕在其外侧的金星的影响力，无法解释。但是，如果考虑到基于广义相对论的太阳引力在该区域造成的空间弯曲，则可以很好地解释它。众所周知，对水星近日点运动的这种思考帮助爱因斯坦完善了广义相对论。

◯ 引力透镜

爱因斯坦预言，如果引力使空间弯曲，那么它也会弯曲直线前进的光的轨迹。他还预言，由恒星和星系的质量所造成的空间弯曲会使其后面的天体发出的光线弯曲，这些光线本是不可见的，但是现在可以被观测到。

很快，这一预言就得到了证实。在日全食的一天，爱因斯坦成功地观测到了太阳后面一颗看不见的恒星。

引力源以与透镜弯曲光束相同的方式使光弯曲的现象称为引力透镜。引力透镜在寻找不可见的暗物质方面发挥着威力，对创建特定空域中暗物质的分布图也做出了巨大贡献。

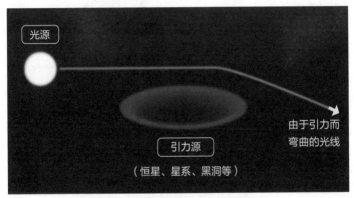

图7　使光线弯曲的引力透镜的图像

光线会在引力很强的地方（即质量较大的地方）弯曲。

为了直观地理解有质量的物体会弯曲空间，我们可以想象在一块扁平的大海绵上放置一个手掌大小的铁球。放置铁球的位置因其重量而下沉。那么，如果将保龄球放在具有足够面积的相同材料的海绵上会怎么样呢？我们应该能看到，球越大越重，球的下沉越深，下沉影响的区域越广。

在这两个球附近放一个小珠子，可以离铁球近一些，离保龄球远一些，珠子会向凹陷中心的保龄球滚动。即使是铁球，靠近弯曲的部分，它也会掉落。这就是引力的作用，而这种差异是小而轻的恒星与大而重的恒星之间的引力差异。

同样，光也受此空间弯曲的影响，穿过弯曲开始的边缘的光，沿着弯曲的曲线弯曲，这被称为引力透镜效应。

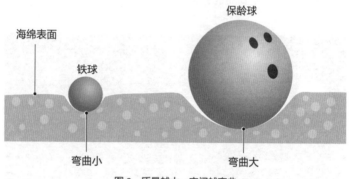

图 8　质量越大，空间越弯曲

手掌大小的铁球和保龄球沉入海绵中，质量越大，下沉越深。由引力产生的空间弯曲是一样的。

天体的公转轨道，例如恒星的行星和行星的卫星的公转轨道，是由引力产生的围绕凹陷边缘的圆形或椭圆形轨道。如果它不旋转，它就会落向正在旋转的主天体。为避免这种情况，旋转的天体以产生离心力的速度旋转，该离心力可以抵消该距离处的引力影响。

⬤ 引力与时间的关系

广义相对论还有一个重要的观点，那就是"引力越强，时间流逝得越慢。" 但是，对于行星级别的天体而言，几乎可以忽略不计。不能忽视的是黑洞，黑洞周围有一个事件视界。在事件视界，时间流逝无限减慢，接近停止。

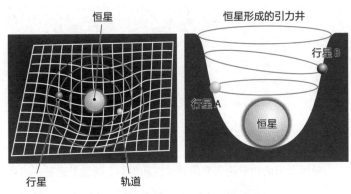

图 9 恒星引力弯曲空间和行星轨道的图像

恒星弯曲周围的空间并产生引力井。行星 A 在恒星产生的引力作用下，在距离引力井底部一定高度（距离）上沿圆形轨道运行。行星 B 在稳定范围内沿椭圆轨道运行。

从量子假说到量子论

量子假说，量子论，不确定性原理

量子论的诞生是为了解释经典力学无法很好地处理的原子和较小粒子的行为，波粒二象性因此得到了证实，对该领域的认识也得到了迅速发展。

就在身边的量子力学

爱因斯坦的相对论研究的是宇宙和引力，而量子论研究的是微观世界，例如原子和基本粒子。两者都是需要付出一定努力才能深入理解的理论，但是对于人类而言，想象大型事物要比看不见的事物容易，而且在宇宙中，弯曲时空的黑洞有很多吸引人的话题。

但是，即使没有什么实感，与日常生活息息相关的还是量子论。我们被物质包围着，并与它们生活在一起。我们吸入的氧气是分子式为O_2的双原子分子，呼出的是二氧化碳（CO_2）。氮气（N_2）与氧气一起构成大气的99%。

量子论是从原子结构发展起来的，例如电子如何围绕原子核运动，双原子分子的稳定性以及化学反应过程中原子内部发生了什么，这些都是量子论发展的过程中发现的。量子论和由此产生的技术也被应用于半导体的制造，而半导体是个人计算机和手机的核心，现在它们已成为日常生活中不可或缺的部分。

量子论的第一步

量子论是各种研究人员面对各类问题时所证实的事实的汇编，以及由此得出的理论。与爱因斯坦独立完成相对论不同，两位数以上的科学家一起建立了量子论。量子论的研究流程很复杂，理论也很有深度。

但是，量子论仍然是一门发展中的学科，人们一直在尝试将量子论扩展到引力领域，这是相对论中唯一无法在量子论中处理的领域。可以处理引力的扩展量子论称为量子引力理论，最有前途的量子引力理论是超弦理论，稍后我将更详细地解释该理论。首先，让我们确认一下量子论的完成过程。

（1）在原子及其周围的微观区域中，诸如能量之类的物理量取离散值（已量化）。
（2）光既是粒子又是波。作为基本粒子的电子也具有波动性。

当量子论的名称和理论形态还没完全形成的时候，焦点就集中在这两点上。量子论这一新理论以此为立足点，迈上新台阶。

普朗克的量子假说和爱因斯坦的光子假说

自工业革命以来一直走在现代化道路上的欧洲，需要生产大量优质铁。

在熔炉中熔化的铁根据温度的不同呈现不同的颜色，例如呈现红色大约是600℃，呈现白色大约是1300~1400℃，根据颜色可以知道大概温度，当时的物理学家还不能很好地用公式来表示温度和颜色（发出的光的波长）之间的关系。

只知道从熔炉窄缝中获取的光是由空腔辐射引起的，而空腔辐射与黑体辐射近似。黑体辐射的光谱特征仅与温度有关，与黑体的材料无关。虽然当时已经存在一个解释颜色和温度之间关系的公式，但是它并不适合所有波长范围。

德国物理学家马克斯·普朗克（Max Planck）成功地推论了这种关系。普朗克注意到"发光粒子的能量只能取离散值"。基于这个假设，他提出了著名的普朗克公式。

公开发表时被称为量子假说，那是在 19 世纪末。

爱因斯坦也思考了这个问题，并提出了自己的理论。"我承认能量是离散的，但是离散的是光粒子，而不是光粒子的振动。"

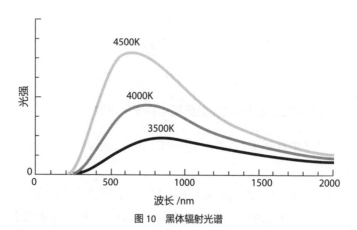

图 10　黑体辐射光谱

由于光的波长分布随温度而变化，因此你看到的颜色也会变化。

由于光是波，因此可以通过棱镜弯曲光路来使其分散。它可以折射、反射和干涉，没有人怀疑光是波。

但是，如果光具有波粒二象性，则有可能找到解决各种问题的线索，包括之前的普朗克问题。

当光子通过晶状体在视网膜上成像并由视觉神经传送给大脑时，我们会看到物体。相机的 CCD 传感器也是如此。视觉和相机感光机制是说明光具有粒子性的主要示例之一。

此时，光子这个名字还不存在，该理论被称为光子假说，因为爱因斯坦将光粒子命名为光子。该论文于 1905 年以类似于狭义相对论的方式发表。后来，爱因斯坦因光子假说的价值而不是相对论获得了诺贝尔奖。

最终，这种说法被证实是正确的，光既是波又是粒子。目前，一个光子的能量（E）用公式 $E=h\nu$ 表示（h 是普朗克常数，ν 是光的频率）。

由于质量为零的光子没有动能，因此光的能量与频率成正比。另外，频率随着能量值的变化而显著变化。电磁波的范围很广，从 X 射线到红外线和无线电波，这一事实已为世界所公认。

从普朗克的量子假说到玻尔的原子模型

从 20 世纪初我们就知道，当向充有氢气或氖气的管子施加电压时，它会发出一种独特颜色的光。这种独特的光是一些尖锐的单色光，而不是像阳光或白炽灯发出的光那样通过棱镜时有连续的彩色光带。

例如，氢原子的光谱有四条谱线：410 nm（紫色），434 nm（蓝色），486 nm（蓝绿色）和656 nm（红色）。物理学家想弄清其原理和构造，解决方案是丹麦物理学家玻尔（Bohr）提出的，玻尔首先关注氢原子的结构。根据普朗克的量子假说，原子核周围的电子具有离散的能量。

考虑到原子核周围的原子轨道不是自由占据的，而是存在一定的距离，因此可以很好地解释这一点。氢的原子核周围有四层或五层原子轨道，在某层原子轨道上的电子接收能量后会跃迁到

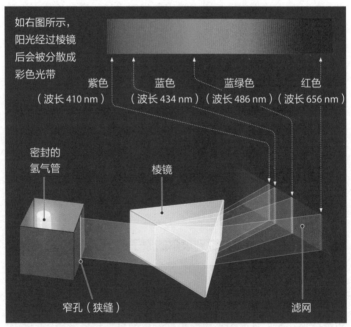

如右图所示，阳光经过棱镜后会被分散成彩色光带

紫色
（波长410 nm）

蓝色
（波长434 nm）

蓝绿色
（波长486 nm）

红色
（波长656 nm）

密封的氢气管

棱镜

窄孔（狭缝）

滤网

图11　从密封的氢气管中发出的光

使用棱镜分散氢原子发出的光时，会看到四条清晰的谱线。

外层轨道。如果接收到很多能量，就会进一步向外层跃迁。然后，轨道与轨道之间的能量差通过光的形式释放出来，电子落入较内层轨道，充有氢气的管子施加电压时发出的光就是电子从外层轨道落入较内层轨道时发出的光。

在放电管中放电意味着以高动能电子撞击内部氢分子，碰撞后的氢分子通过接收能量从氢分子变为单个氢原子，此外，围绕原子核运动的电子跃迁至较外层轨道（激发态）。

在一定时间后，当电子返回内层轨道时，能量差以特定波长的光的形式释放出去。

由于遵循上述的普朗克公式 $E=h\nu$，因此轨道的能量差直接表现为特定颜色（频率）的光，这就是在当时让科学家困扰的向充有氢气或其他惰性气体的管子施加电压时会发出独特的颜色的

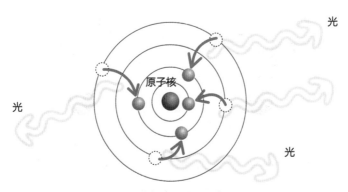

图 12　原子轨道与发光机制

接收能量的电子跃迁到外层轨道。不久，电子为了寻求稳定性会返回到基态轨道，这时会发出与跃迁轨道和基态轨道之间的能量差相当的波长的光。顺便说一下，在氢原子中，当电子返回最接近原子核的基态轨道时发出的所有光都在紫外线区域，人眼无法看到。我们看到的氢气管发出的光是电子落入第二或更外层轨道时发出的光。

光的原因。

当明确了这一事实后，就可以准确地确定各种元素的原子轨道。通过这个过程，对卢瑟福等人制作的原子模型进行了令人信服的补充，从而完成了玻尔的原子模型。

原子发出的光是离散的，因为它周围的原子轨道是离散的（量子化状态）。对原子核的能量"量子化"这一事实的确定使我们向认识它的真面目又迈进了一步。

● 电子的波动性

法国物理学家德布罗意成功地解释了为什么电子绕原子核运行的轨道是离散的。

一直被认为是波的光具有波粒二象性，因此，作为粒子的电

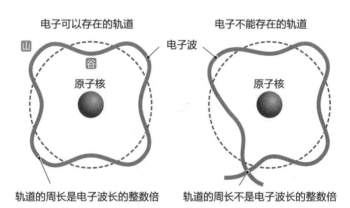

图 13 　原子轨道周长与电子波长的关系

德布罗意认为，如果原子轨道的周长是电子波长的整数倍，那么电子就可以在那里稳定地存在。因为是波，所以它如果不与轨道上先前描绘的波完全重叠，就无法稳定地存在。

子具有波的性质也不奇怪，德布罗意是这么想的。由此得出结论，具有波的性质的电子能够在围绕原子核的轨道上保持稳定，只要轨道的周长是电子波长的整数倍即可。最终，德布罗意认为所有的粒子都具有波动性，并构建出了将粒子的波动性和粒子性联系起来的公式。

之后，多名研究人员对电子进行了确认实验，最终证实了这一事实。由于电子束也发生衍射和干涉，因此很明显它具有波的性质。由于德布罗意的成就，粒子波被称为物质波或德布罗意波。

薛定谔方程

玻尔的原子模型是原子状态的简化视图，并且以时间静止的形式观察了原子的状态，因此在准确性方面存在问题。

但是，原子核小得连高性能的显微镜也显示不出来，围绕它旋转的电子速度又那么快，以致无法在特定时间确定其位置。

正如德布罗意所论证的那样，奥地利物理学家埃尔温·薛定谔认为，如果所有粒子都具有波的性质，那只关注波动就能将其理论化。薛定谔希望借此使玻尔的原子模型及其量子论更精确、完整。

薛定谔致力于研究描述粒子波动状态的波动方程式，他提出薛定谔方程，作为可以表达量子论所涉及领域的基础方程式。薛定谔方程的解以状态函数（波函数）的形式表示，其表示出了在特定情况下被观察对象的量子态。

结果，薛定谔方程揭示了玻尔原子模型的问题，并成功地以更完整的形式展示了该模型。围绕原子的电子的位置可以用从概率中导出的点来表示，其形态被形象化为电子云。薛定谔方程的解极大地促进了化学（量子化学）的发展。

● 海森堡不确定性原理

在我们生活的宏观世界中，可以同时确定位置和速度，并且可以轻松地量化坐标和速度。但是，在微观世界中，位置和速度无法同时确定。诸如电子等基本粒子的位置和速度（运动状态）均存在波动，并且两者处于交叉状态。

当要确定位置（坐标 x）时，运动状态的波动最大，而当聚焦于运动时，位置的波动最大。德国物理学家海森堡曾指出：位置和速度总是有一个不确定，无法看清其状态。这一基本原理就是不确定性原理，也经常被称为海森堡不确定性原理。

举一个例子，假设使用光观察粒子的位置和运动，在这种情况下，任何低于观察光波长的东西都无法清晰地看到。

可以通过缩短光的波长（增加频率）来提高分辨率，但是由于高频光是能量较高的光，因此会对观察对象产生强烈的影响，从而无法很好地掌握观察对象本身的运动量。在基本粒子层面会发生这样的事情。

海森堡与薛定谔在同一时期从矩阵力学的角度深化了量子论。后来，发现二者的理论在数学上是完全相同的，于是将二者的理论结合在一起将量子论推向极致。

状态叠加和概率的世界

从建立到现在，可以说量子论所代表的情况是"几种不同状态的叠加"。

当我们关注粒子时，粒子在哪里以怎样的形式存在是由概率来表示的。在观测粒子时只能"看到"被观测瞬间的状态。如果从波动的角度来表达，就是观测结果只是波束"收敛"到一点的状态。即只是那个瞬间的状态，之前的状态并不知道。

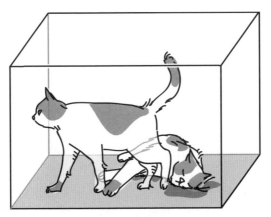

图 14　薛定谔的猫

一只猫被放入了从外面无法看到里面情况的封闭盒子里，里面还放着一个盛有有毒气体的容器。盒子外面有放射性粒子的测量仪，测量仪观测到放射线的话，说明盒子里盛有有毒气体的容器碎了，猫就会死。在一定时间内观测到放射性粒子的概率是50%。过了一定时间后，猫是活着还是死了？这就是"薛定谔的猫"。根据量子论的解释，在打开盒子之前，"猫死了的状态"和"猫活着的状态"概率性地叠加在一起。实际上，在观测到放射性粒子的瞬间，猫的死亡就是确定的，但是从量子论来说，在打开盒子的瞬间，猫的生死才被确定。

　　1921 年，在玻尔的号召下，该领域的专家聚集在哥本哈根，对量子力学的解释达成了统一意见，被称为哥本哈根解释。

　　但是，也有很多物理学家对此表示不认同，爱因斯坦就是其中之一，薛定谔也感到不满。薛定谔想从纯粹地解开薛定谔方程得到的信息中，得到能够让全世界接受的结果。薛定谔方程的思想是：世界是不同的状态叠加在一起的存在，观察者在适当的时机确认结果，了解状态。薛定谔在 1935 年以论文的形式提出的"薛定谔的猫"就是很好的例子，经常被引用。

四种作用力和大统一理论

电弱统一理论，大统一理论

电磁力、强相互作用力、弱相互作用力、万有引力，我们期待着能统一表示世界上存在的这四种作用力的终极理论的完成。

◯ 宇宙中的四种作用力

世界上存在电磁力、强相互作用力、弱相互作用力、万有引力这四种作用力。

其中大家最熟悉的应该是电磁力吧。电磁力除了会产生静电、雷电等电磁现象以外，还能驱动电动机以及各种各样的家用电器。人体内的神经和大脑的信号交换也是通过电磁信号进行的。在微观世界里，带正电荷的原子核和在其周围旋转的带负电荷的电子也是靠电磁力结合在一起的。

我们之所以能够站立在地面上，是因为我们与地球之间存在万有引力。由于地球的引力，我们才能这样在地球上生活。每当看到或听到关于天体的话题，比如太阳的引力吸引地球和太阳系其他行星围绕它运转，或者被吞噬后连光都无法逃逸的具有超强引力的黑洞等，都让人真切地感受到引力的强大。但实际上，引力和电磁力相比，只是几乎让人感觉不到误差的弱力。

因为必须质量非常大，才能产生巨大的引力，所以人类日常生活中存在的物体之间的引力弱得可以忽略不计。如果连房子、汽车等都能产生很大的引力，那就无法生活了，所以像现在这样就很好。

为了形象地说明电磁力与引力的大小比较，1965 年，与朝永振一郎、J.S. 施温格一起获得诺贝尔物理学奖的 R.P. 费曼在其著作中这样写道："电磁力的大小是引力的 10 亿倍的 10 亿倍的 10 亿倍的 10 亿倍"。这二者之间的差距，是我们无法想象的。

然而，这个世界上还存在着比电磁力更强的力，那就是在原子核内部质子和中子之间存在的力，被称为强相互作用力。强相互作用力是引力的 10^{40} 倍。

图 15　四种作用力的大小排序

表 3　四种作用力

	大小排名	力的有效范围	传递力的粒子	力的作用
强相互作用力	1	10^{-15}m	胶子	在原子核内部将质子和中子结合在一起，在核子中将夸克们结合在一起
电磁力	2	无限大	光子	发生身边所有的电磁现象。原子核和电子结合在一起也靠这种作用力
弱相互作用力	3	10^{-17}~10^{-18}m	弱玻色子	使质子和中子发生 β 衰变（β 衰变参考 90 页）
万有引力	4	无限大	引力子（未发现）	相互吸引，通过恒星和行星等天体，可以真切地感到其作用

● 只对基本粒子起作用的力

看着在强大的磁力作用下漂浮的物体，一定有人认为不会有比电磁力更强大的力了。

日常生活中我们能看到的也确实是这样，强相互作用力和弱相互作用力与日常生活并没有直接的关系。这两种力都是在基本粒子的存在方式和行为上发挥威力，强相互作用力和弱相互作用力是谈论基本粒子论时不可或缺的力。

所有的原子核都是由质子和中子构成的。质子带正电荷，中子不带电荷。但是在原子核中，这样的粒子没有变得七零八落反而紧紧地结合在一起，发挥作用的正是强相互作用力。

为了防止正电荷相互排斥，并且与不带电荷的粒子结合在一起，强相互作用力是电磁力的100倍以上。将原子核中的粒子结合在一起的力称为核力。

现在我们知道，所有的力都是由传递力的粒子或基本粒子产生的。在原子核中产生核力的是汤川秀树所预言的、后来被发现的 Π（派）介子。

由3个夸克构成的质子和中子等的内部结合夸克的力也是强相互作用力。但是，在这里产生力的不是介子，而是叫作胶子的一种不带电荷和质量为零的基本粒子，它在这里是产生强相互作用力的主角。

最后一个力是弱相互作用力，就是把一种粒子变成另一种粒子的互相作用力。主要是在质子变成中子的 β^- 衰变和中子变成质子的 β^+ 衰变时发挥作用。产生这种力的基本粒子是弱玻色子（弱玻）。β 衰变如下页图所示。另外，众所周知，中子在单

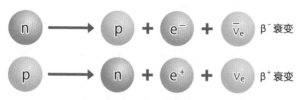

图 16　β 衰变的情景

n 是中子，p 是质子，e⁻ 是电子，e⁺ 是正电子，νₑ 是中微子（电子中微子），ν̄ₑ 是反中微子（反电子中微子）。

独的状态下大约 15 分钟就会发生 β 衰变变成质子。

　　如前面列表所示，强相互作用力和弱相互作用力仅在 10^{-15}m 以下的极小范围内起作用。因为这不是人类能看到的领域，所以在原子物理学发展之前完全不为人知。但是，即使没有直接的关系，这种力在地球、太阳和人的身体中，也在时时刻刻发挥着作用。

　　传递电磁力的粒子是光子，这一点我们很早就知道了。此外，有人认为传递万有引力的粒子是引力子。爱因斯坦预言了引力子的存在，不过直到现在引力子也未被发现。

🌑 争取理论的统一

　　现在，这四种作用力分别产生不同的影响，不过，一般认为在宇宙诞生的瞬间产生的作用力是单一的，然后在极短的时间内分化为四种。在宇宙的温度、能源值下降的过程中，四种作用力自然分化，这个理论被称作相互作用的统一理论。另外，这种力的分化有时也被称为力的进化。

如果能够形成可以统一表示四种作用力的新理论，那么就有可能从力的进化来理解宇宙的起源。物理学家一直在追求使之成为可能的终极理论。这是一个极难达成的愿望，不能一蹴而就，理论的开发是分阶段进行的。

第一步是将电子等微小的带电粒子之间的电磁相互作用理论化。但是，普通的电磁学无法解释所有的部分需要包含量子力学解释的新理论，量子电磁学就是在这样的要求下诞生的。

虽然保罗·狄拉克将量子力学和狭义相对论结合起来而提出的狄拉克方程解决了许多问题，但无法很好地说明氢原子的 2s

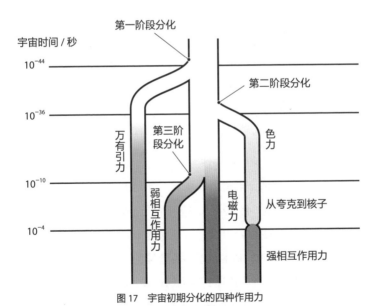

图17　宇宙初期分化的四种作用力

随着时间的流逝，宇宙的温度和能量值下降，力开始分化。

和 2p 原子轨道（参考 110 页）的能级偏差。最终解决这个问题的是来自量子电磁学的方法。

将电磁学扩展到量子领域的量子电磁学，将弱相互作用和电磁相互作用统一表示为电弱统一理论，并以对完成理论做出贡献的两名研究者的名字命名，称为温伯格–萨拉姆理论。

温伯格和萨拉姆在各自独立思考使电弱统一理论更加完整的过程中，重点关注了南部阳一郎"对称性自发破缺"的思想，并将其编入理论。在宇宙之初就存在的力，可以和一切区分开，因为只有一种，保持着完全的对称性。之后力不断分化，最终分化为四种，这是因为宇宙膨胀的过程中，对称性被打破。

温伯格–萨拉姆理论的基础是 1964 年彼得·希格斯等人提出的给基本粒子赋予质量使其成为希格斯粒子形成的"希格斯场"。在电磁相互作用和弱相互作用分离之前，无论是夸克还是以电子为代表的轻子都没有质量。根据"对称性自发破缺"思想，基本粒子应该具有质量，不过，一般认为在四种作用力分化的情况下，希格斯粒子起到了很大的作用。因此，2012 年希格斯粒子的发现，在解开了基本粒子的质量之谜的同时，也成功证明了温伯格–萨拉姆理论的正确性。

简单总结的话，电磁力和弱相互作用力的区别在于传递力的基本粒子的质量。传递弱力的基本粒子为弱玻色子，由于是容易与希格斯粒子发生反应的粒子，因此它们的质量是质子质量的80~90 倍。我们知道，基本粒子的质量与受影响的距离密切相关。弱玻色子无法将这种力传递到很远的地方，因为它的质量太大。此外，传递电磁力的光子的质量为零（希格斯粒子没有被赋予质量），因此可以自由移动，理论上可以传递无穷的力。理解了这样的事实，理论的统一就有了可能。

走向统一场论

胶子是能在形成质子、中子等复合粒子时传递强核力将夸克结合在一起的粒子，具有色荷。胶子是传递强相互作用力的粒子，它的行为由量子色动力学定义。

现在基本粒子物理学理论的基础被归结在标准模型的框架中。量子色动力学和温伯格 – 萨拉姆理论预言夸克必须存在六种，

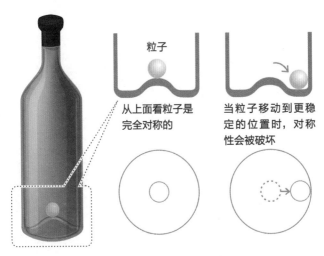

粒子

从上面看粒子是完全对称的

当粒子移动到更稳定的位置时，对称性会被破坏

图 18　自发对称性破缺的示意图

比起完全的对称状态，对称性破缺状态的能量值更低。南部博士认为："虽然基本粒子具有对称性，但如果存在能量上更稳定的状态，那么对称性自然破缺的可能性也是存在的。"

小林·益川理论也做了同样的预言，后来被确认。统一场论就是将这些尚未统一的理论进行归纳和统一展示。这是物理学领域下一个大目标。

最后我们的目标是建立一个终极理论——统一场论，将四种作用力统一到一起。将万有引力也集中到统一场论面临巨大的困难，但也不是完全没有希望，因为量子论和相对论完全结合在一起的理论——超弦理论，有可能成为统一表示四种作用力的终极理论。

超弦理论给我们的启示

超弦理论（弦论）

量子引力理论有可能将包含万有引力在内的四种作用力统一表示。在众多未完成理论中有一个超弦理论，虽然也有研究者持否定态度，但这是一个潜力巨大的新想法。

一切都是由弦组成的

"所有的基本粒子都是由振动的弦组成的"。

超弦理论是这么认为的，电子、夸克、光子和未被发现的传递引力的基本粒子——引力子，全部都是弦。

到现在为止，超弦理论抛弃了基本粒子是零维点粒子的假设，赋予了基本粒子一维弦的新概念。

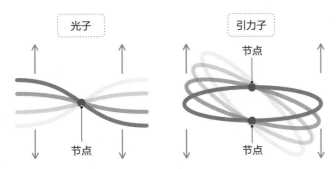

图19　弦描绘基本粒子的基础

振动弦的基本形式：光子（左）和引力子（右）。

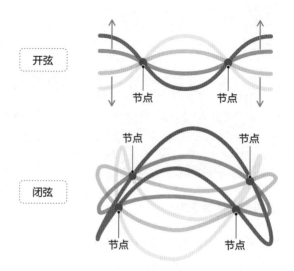

开弦

节点   节点

闭弦

节点   节点

节点   节点

图 20　预期振动形式

开弦和闭弦。振动形式的差异就是基本粒子的差异。

开弦的节点每次增加 1 个，比如节点的数量为 2、3、4 个，而闭弦的节点数会出现 2、4、6 这样的偶数。

　　弦分为两端相连呈环状的闭弦和一根弦的开弦两种。使基本粒子产生差异的是振动的峰值和节点的数量。振动的峰值是 1 个、2 个还是 3 个？节点在哪里？

　　光子是开弦最为经典的例子，它有最简单的开弦振动模式。未被发现的引力子是闭弦，每半个周期有两个不动的节点。

　　比最小的原子核——质子还要小得多的弦总是高速振动，其速度是无法想象的，开弦端点的振动速度堪比光速。

　　超弦理论虽然给人一种新概念的印象，但实际这种理论产生于 20 世纪 60 年代。最早提出超弦理论这种弦论的，是以对称性自发破缺理论在物理学界创下丰功伟绩的南部阳一郎等人。

只不过随着量子色动力学理论的备受关注而被封印，直到20世纪80年代复苏，并发展至现在。

⬤ 超弦理论的"超"是什么？

听到超弦理论这个名字，可能会有人想知道到底什么是"超"？实际上，这并不是将之前提出的弦论升级的理论。只是因为它是以超对称粒子的存在为前提的弦论，所以被称为超弦理论，这就是由来。

超对称理论认为，传递力的玻色子和组成物质的费米子都存在与之匹配的超对称粒子。但是，到目前为止，不论是自然界还是人工，都没有发现一个超对称性粒子，现在，所有的超对称粒子都是假想的粒子。

⬤ 宇宙是10维的？

我们生活在一个有"长、宽、高"的三维世界里，再加入一个时间维度，就是四维空间。但是，如果超弦理论是正确的，那么可以认为宇宙是10维的（有时是11维的）。

假设宇宙是10维的，除了我们所认识的长宽高、时间以外，还会有6个维度存在于这个世界。

尽管存在6个额外维度，但却找不到，因为它们要么被折叠在肉眼看不见的微小区域，要么被卷成一团。

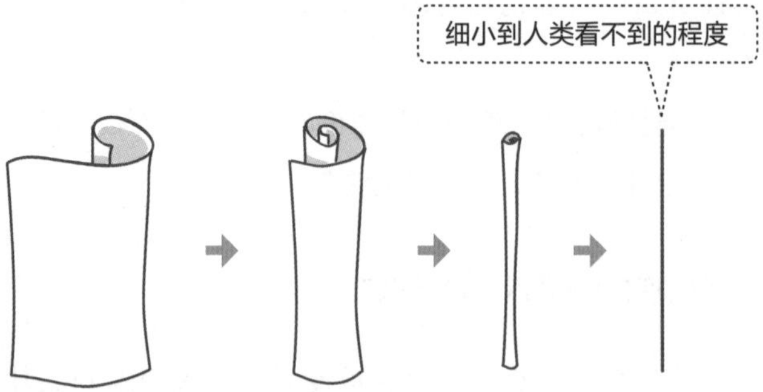

细小到人类看不到的程度

图 21　卷起的维度

如果假定维度是没有厚度的纸，那么把它卷起来不断缩小直径，就可以从微观领域缩小到纳米领域。超弦理论认为，肉眼看不见的另外 6 个维度就是这样的形式，即使肉眼看不见，也存在于我们身边。

例如，将一张大海报卷成筒，如果筒径变得越来越小，到达纳米领域的话，我们就看不到了。弦论所推导的看不见的维度，似乎就是这么一回事。

另外，如果我们根据超弦理论来思考宇宙的存在方式和诞生方式，那么宇宙除了这个世界之外，可能还存在很多世界。

虽然存在无数个宇宙被称为多元宇宙，但是在这样的宇宙中，物理参数也有可能稍有不同。例如，引力比这个宇宙的引力强，电磁力较弱。这样的宇宙，也许就在这个宇宙外面的某处。如果暗能量的比例和这个宇宙不同，那么宇宙的终结也会和这个宇宙不同，至少存在这样的可能。

膜

超弦理论也对宇宙本身进行了重新的认识。它认为，我们生活的三维空间就像一张三维膜（膜的一种）。在这张宇宙图像中，在之前所说的 10 维之上又增加了一个维度，成为 11 维。

话虽如此，人类的大脑并不能很好地识别出超过三维的空间。因此，高维度的问题暂且放到一边，只考虑像三维膜一样的三维空间这一部分。也可以从三维中减少一维，想象成二维的薄片。为了有助于理解，图 22 将三维空间转换为二维进行了描绘。

如图 22 所示，呈开弦状的基本粒子，弦的两端总是与三维膜相连。闭弦状的基本粒子只有很少的一部分，光子和夸克以下，宇宙中几乎所有的基本粒子都是这样的形状。

在移动的情况下，开弦状的基本粒子不会离开三维膜，而是在其表面滑移。假如家里有那种表面排列着环状纤维的地毯，可以想象环状纤维在地毯表面自由移动的情景。

然后，基本粒子——弦在保持与三维膜接触的状态下，一边在固定的地方结节，一边进行固定的振动。但是，无论进行什么

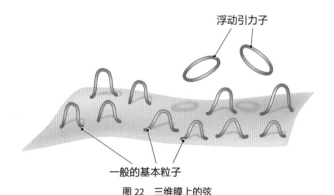

图 22　三维膜上的弦

大部分基本粒子都是开弦状，开弦离不开三维膜。只有引力子是闭弦状，它可以离开三维膜自由活动。

样的活动、振动，开弦状的基本粒子都不会离开三维膜。因为开弦状的基本粒子"不论发生什么，都无法离开这个宇宙"。

此外，闭弦状的引力子由于没有端点而与三维膜不接触。也就是说，在漂浮的状态下，可以自由地离开三维膜。

如果多元宇宙呈层状重叠，那么引力子就有可能跳到上下层的宇宙上去，或者与之相反，其他层宇宙的引力子也可以跳到这个宇宙上来。

漂浮着三维膜的宇宙，只有更广阔的空间才会是更高维度的空间。前面说的增加一个维度也是这个意思。另外，这种世界观的一系列假说被称为膜世界假说。

也有研究人员认为，在这样的世界观下，无论过了多久都不能发现暗物质，因为其他宇宙的物体的质量，像幽灵一样影响着这个宇宙。同样，暗能量的来源也可能是其他宇宙。因为有这些各种各样的想法，超弦理论才有更多进行思考实验的空间。从这一点来看，这实际上是一个很有趣的理论。

第 3 章

化 学

1 元素起源论

大爆炸核合成、物质的恒星起源论

宇宙大爆炸之后产生了氢、氦、锂。在那之后，由于恒星内部的核聚变和恒星超新星爆发时的冲击以及两颗中子星融合时产生的冲击，又产生了氦以上的元素，扩散到宇宙。

◯ 所有宏观物质都是由元素构成的

人体的 96% 由氢、氧、碳和氮这四种元素构成。其次是钙、磷等元素。而地壳和地壳下的地幔里存在最多的是硅和氧，氧多以氧化物的形式存在。构成地核的物质主要是铁和镍。地球的卫星——月球的元素构成与地壳和地幔的元素构成类似。

氢原子的结构最简单，核内只有一个质子，是宇宙中质子作为基本粒子诞生后不久，获得了自由移动的电子而产生的。所以，氢是最古老的元素，并且氢是存在于这个宇宙内的所有元素的"根本"，因为从宇宙开始便存在氢，并且通过核聚变产生了所有的元素。

详细内容将在后面介绍，在这里先对元素形成的过程和状态进行归纳如下。

● 元素的由来

【氢、氦、锂】→在大爆炸后的宇宙中产生

【到铁为止的元素】→通过恒星内部的核聚变产生

【比铁重的元素】→通过超新星爆发和中子星的融合产生

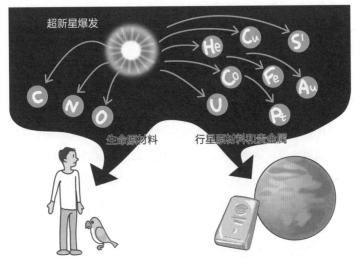

图 1　恒星产生的元素是生命和行星的原材料

元素在恒星中合成，形成的元素除了在成为红巨星时静静飞散之外，还会在超新星爆发时华丽飞散。这些元素诞生了生命和行星。支撑产业发展的铁、放射性物质铀、宝石、贵金属等元素，都是恒星产生并扩散到宇宙中的。

　　也就是说，除了氢之外，几乎所有的元素都是夜空中闪耀的恒星产生的。红巨星和超新星爆发在生命的最后将其大半质量释放到宇宙中，把元素扩散到整个宇宙。

● 宇宙中有两个发生核聚变的好时期

　　为了产生更大的原子，原子核聚变必须在高温高压的条件下进行。带正电荷的原子核会互相排斥，但在日常的生活环境中，是不会接触到的（所以，可以安心地生活）。

为了发生核聚变，需要能够抵消排斥的较大动能和高密度的环境。现在，自然界中唯一适合核聚变的环境是恒星中心核，在高温高压的恒星中心核中，会发生氢（H）原子聚变成氦（He）原子的核聚变反应，这就是恒星一直闪耀的原因。

大质量的恒星，其中心核的压力更高，温度也更高。所以大质量的恒星中心核发生核聚变反应的速度就更快，表面温度也更高。简单来说，高密度环境使原子核之间的距离很近，环境温度越高，原子核的动能就越大，原子核之间就越容易发生碰撞。

虽然现在只有恒星内部具备这样的条件，但是在过去的宇宙中，曾经有一个可以快速发生核聚变的好时期，这就是在第 1 章中介绍过的宇宙大爆炸时期。

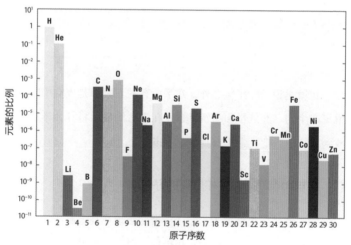

图 2　宇宙中元素的比例

以理科年表的数据为基础作图。

随着膨胀，宇宙的温度不断下降，上夸克和下夸克形成了质子和中子，可以认为那是大爆炸后约一万分之一秒发生的。

物质能够存在的宇宙，具备了发生核聚变的最佳条件。但是，由于温度太高，质子无法获得电子成为原子的状态。因此首先由单独存在的氢（质子）和自由中子产生氦原子核。在这个时期，也产生了少数的原子序数为3的锂原子核。

不久，随着宇宙温度的下降，原子的状态也能稳定地存在，电子被原子核捕获，产生了氢、氦、锂的原子，这一系列的事件称为大爆炸核合成。

氦仍在恒星内部通过核聚变由氢形成，在恒星结束生命的时候被吹入宇宙并扩散开来。

存在于宇宙中的铍以上的重元素（即大爆炸以后通过核聚变产生的元素）基本上是由恒星内部的核聚变形成的，其存在比例与理论非常吻合。但是，若氦只是由恒星的核聚变形成，其存在比例实在是太高了。虽然氦在恒星内部也能形成，但是也有一部分是大爆炸时产生的，所以它的存在比例就好理解了。

恒星中发生的核聚变与量子隧道效应

恒星内部的核聚变，最初的反应是4个氢原子聚变成1个氦原子。4个氢原子和1个氦原子有轻微的质量差，正如爱因斯坦的狭义相对论所表明的那样，质量差被转化为能量，以光和热的形式释放出来。

$$4H \rightarrow He（最初的核聚变反应）$$

当恒星内部大部分的氢被消耗后，接下来氦就会发生核聚变反应来生成碳、氮、氧。在大质量恒星中，核聚变反应会进一步进行，经过硅、硫、氩等最终形成铁。这样生成的元素在恒星生命终结时被吹散，扩散到宇宙中，成为下一颗恒星、星系内的行星或是小天体的原材料，也成为形成生命的原材料，这是事实。

但是，恒星内部的温度，实际上还没有达到足以发生核聚变的水平。例如，我们的太阳的中心温度只有1500万摄氏度左右，虽然在更大的恒星中也有温度更高的情况，但仍不足以将氢变成氦，也就是说还没有达到1亿摄氏度，按理说不会发生核聚变。但在恒星的中心，核聚变反应却在缓慢而稳定地进行着。

所以恒星能够长久地发光，在围绕它运行的行星上也能孕育生命。如果恒星内部的温度是能顺利进行核聚变的温度，那么一

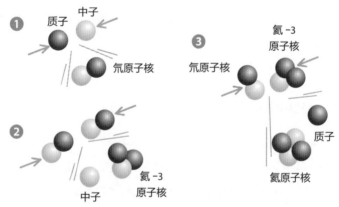

图3　简化的恒星内部的核聚变反应

❶ 质子和中子形成氘原子核
❷ 氘融合成氦-3
❸ 氘和氦-3碰撞生成氦。这样的反应不断发生。

瞬间就会发生爆炸性的核聚变，恒星在作为恒星发光之前，就会发生爆炸并结束自己的生命。

从牛顿力学开始的经典物理学无法充分地解释在恒星内部发生核聚变的理由。为了理解这一点，我们需要引入量子论的解释，即物质的基本粒子既是粒子也是波。

物质无法跨越高电位屏障，如果是波的话，很小的一部分就能绕到对面。就如同海浪的声音能传到高墙的另一侧，好像是在墙上打了个洞（隧道），从那穿了过去。

简而言之，由于这种量子效应，本来不能发生的核聚变也会偶尔发生，被称为量子隧道效应。量子隧道效应在恒星内部引发了核聚变，也在无法进行化学反应的低温宇宙空间中，合成了作为生命原材料的有机分子。

第108页的图对量子隧道效应进行了简单说明。物质无法越过高墙，如果是波的话，它的一部分就能够绕过去。因此，只有极少的原子核可以进行核聚变，故恒星内部的核聚变在缓慢地进行。虽然总体来说只有一点点，但是由于恒星内部氢含量巨大，所以每秒都会发生一定量的核聚变，因此恒星才能持续发光。

◯ 超新星的炼金术

核聚变反应进行到生成铁的时候就会停止，这是因为要聚变成比铁原子核还大的原子核，反而需要能量。停止核反应的恒星，内部平衡被打破，会发生瞬间将其大部分质量吹走的大爆炸，这就是超新星爆发。

在恒星的中心核形成了铁而停止进行核聚变反应的恒星，

物质

波

如果是物质，
就会被高墙反弹

如果是波，就会有
一部分绕过高墙

图 4 超新星进行的炼金术

如果具有波的性质，跨过本来不能通过的高墙的概率就不是 0。

其铁原子外侧聚集了很多层状重叠的较轻的元素。超新星爆发就是将这些元素一口气吹走，所以宇宙中到处都是比氢重的各种元素。

另外，爆炸时瞬间的冲击所释放的中子，是金、铀和稀土等比铁重的原子核的原材料。铁和镍等物质在周围迅速吸收中子并转变为更重的元素，这是 R- 过程，可以惊人的速度合成重元素。

对于比铁重的元素，超新星爆发时的 R- 过程理论一直是最有说服力的理论，但最近的事实表明，重元素也可以通过其他的方法产生。

发生超新星爆发是大质量恒星"晚年"的表现之一，似乎在中子星大量融合为一颗恒星的过程中也会产生重元素。还有一种理论认为，与超新星爆发相比，中子星融合对重元素的合成贡献更大，以日本理化学研究所为中心的团队对实际存在量是否符合存在比进行了详细的模拟。

⬤ 宇宙中的物质进化

宇宙初形成时，只有氢和氦以及极微量的锂。恒星诞生时，有时安静，有时发生大爆炸结束生命，将元素撒向宇宙。这些元素比氦要重，在宇宙的历史进程中不断增多。

这些事实表明，在宇宙形成之后的一段时间里，没有像地球这样的岩质行星，也没有像我们这样的碳基生物。

原子轨道和元素周期表

原子轨道决定原子性质

电子在原子内围绕着某个特定轨道运行。电子在原子轨道中的填充排布是有顺序的，也有一定的周期。元素周期表就是以此为依据制作的。原子的性质是由电子的排布决定的。

● 原子轨道

　　带负电荷的电子和带正电荷的原子核在原子中结合在一起。为了对抗原子核对电子的引力，电子在原子核周围高速环绕。原子核中的质子数和电子数是相同的，这个数值与分配给元素的原子序数一致。质子数和电子数是一致的，因此，原子保持中性。

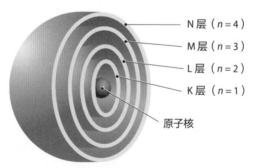

图5　电子层的大致图像

K层、L层、M层……它们将原子核层层包裹。

原子轨道离原子核有一定的距离，原子轨道是离散的，没有中间位置。电子只能在特定轨道的原因在量子论那部分已经解释过了。

电子可以存在的轨道位置被称为电子层。从原子核开始依次定义为K层、L层、M层。从原子核的角度来看，L层的能级比K层更高，M层的能级比L层更高，基本上，距离原子核越远的电子层拥有的能级越高。

电子层中并没有多少电子，可以进入电子层的电子数量是固定的。另外，原子核外的轨道也是固定的。

如果什么都没有发生（比如没有从外界获取能量等），任何物质都会处于能量最低、最稳定的状态。围绕原子核的电子也是如此，随着原子量的增加，环绕原子核的电子也随之增加，电子基本是从能级较低的内层轨道开始，按顺序排布的。

但是，由于外侧的电子层中，也存在比内侧层的原子轨道能级低的轨道，所以，电子也不是完全按照K层、L层、M层……这样的顺序排布的。

表1 电子层及所能容纳的电子数

主量子数	电子层	电子数	原子轨道	说明
1	K层	2	1s	2个电子进入s轨道
2	L层	8	2s+2p	6个电子进入p轨道
3	M层	18	3s+3p+3d	10个电子进入d轨道
4	N层	32	4s+4p+4d+4f	14个电子进入f轨道

编号为1、2的主量子数是从原子核开始数的，K层为1，L层为2……表中从O层以后就被省略了，但后面仍有O层、P层。每层包含的电子数用$2n^2$（n为主量子数）来表示。

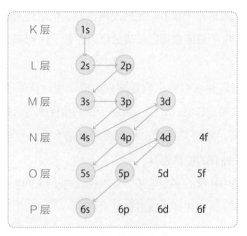

图 6　电子排布的顺序

尽管内层轨道还没有被填满，但是较外层却有先被填满的轨道，因为那些轨道的能级较低。

　　顺便说一句，也许有人会惊异于电子层是从 K 层开始的。这是因为，当我们开始了解电子层的结构时，不能否认存在比 K 层更内侧的轨道的可能性，所以在前面留了 10 个层的余量，从 K 层开始。结果是确实没有比 K 层更内侧的原子轨道存在，但从 K 层开始的电子层就这样保留下来了。

　　另外，K 层以外的电子层有多个固定的原子轨道（小轨道），被命名为 s、p、d、f、g……每个原子轨道最多可以容纳两个电子，其自旋方向相反。

　　电子和质子等被分类为费米子的粒子，由于遵循泡利不相容原理，在同一位置、同一轨道也不能处于相同的状态。如果自旋方向相反，则电子处于另外一种状态，因此可以在同一轨道运行。

从电子数看元素周期表的意义

如果原子核所带的正电荷增加，对电子的引力就会增大，所以原子的各个轨道随着原子量的增大而更加靠近原子核。

即使如此，毫无例外的，所有的原子都拥有 K 层、L 层、M 层这样的电子层，也都拥有 s、p、d、f、g 这样的原子轨道。原子序数增加 1 时，就会明确地在某个确定的轨道加入 1 个电子，这个规则不会被打破。

每个原子都有不同的性质，它的性质取决于原子核周围围绕的电子。电子在哪条轨道上，以什么样的形式存在，这些会决定原子的性质。

以相近的形式排布电子的原子，其性质也会相似，以此为基础制定了元素周期表。

电子层的所有原子轨道都填满电子的闭壳层组态极其稳定。反之，如果原子最外层只有一个电子，只需要一个很小的契机，那个电子就会脱落，在这种情况下，就会带有 +1 的电荷。如果

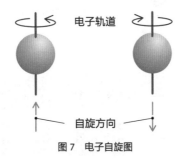

图7 电子自旋图

自旋方向相反的电子可以存在于同一原子轨道上。记录电子自旋的时候，用↑↓来区分自旋方向。

原子外面有一个电子，最外层原子轨道被填满的原子会借用外面的电子，就很容易带上 −1 的电荷。虽然原子变成了带正电或负电的离子，但是因为电子的配置是对称的，所以非常稳定。

我们称这种原子状态为电离态，电离有难易之分。是电离成带正电的离子还是电离成带负电的离子，受到最外层电子的强烈影响。

如第 112 页图 6 所示的电子排布顺序，如果在 3d 轨道之前电子进入 4s 轨道，说明外层的 4s 轨道比较内层的 3d 轨道能级低。

顺便提一下，p 轨道是最外层的，处于闭壳层状态的原子拥有的电子数为 10、18、36、54。由于这就是它的原子序数，对应的原子为氖、氩、氪、氙，位于元素周期表中的第 18 个稀有

表 2　元素周期表

到原子序数为54的氙为止的元素周期表。如表上部的数字所示，分为1~18族。填入到1s~5s，2p~5p，3d~4d的各个轨道，将填入元素通过涂色进行区分。

	1	2	3	4	5	6	7	8	9
1s → 1	1 H 氢								
2s → 2	3 Li 锂	4 Be 铍							
3s → 3	11 Na 钠	12 Mg 镁						3d	
4s → 4	19 K 钾	20 Ca 钙	21 Sc 钪	22 Ti 钛	23 V 钒	24 Cr 铬	25 Mn 锰	26 Fe 铁	27 Co 钴
5s → 5	37 Rb 铷	38 Sr 锶	39 Y 钇	40 Zr 锆	41 Nb 铌	42 Mo 钼	43 Tc 锝	44 Ru 钌	45 Rh
								4d	

气体列。最外层是 1s 的，是完全处于填满状态的原子氦。p 轨道的 p 来自 "principal（主要的）"，从这些数据来看，也能看出 p 轨道确实是重要的轨道。

从电子填入顺序看元素周期表

将多个具有相似性质的元素，按照一定周期排列，从而制定了元素周期表。在观看元素周期表时，我们会发现一个有趣的事实。用颜色区分最外层原子轨道是 s、p、d 的元素周期表如下图所示。

1s 轨道只有一个电子是氢，如果电子消失了，就变成了带有 +1 电荷的质子。1s 轨道上有两个电子形成闭壳层的是氦。在

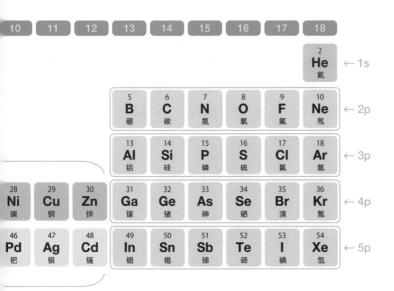

化学领域是最稳定的稀有气体。

　　锂（Li）在 2s 轨道上，钠（Na）、钾（K）分别在 3s、4s 轨道上有 1 个电子，在紧靠它们的闭壳层原子的原子轨道之外，只有 1 个电子。这些元素很容易成为带 + 1 电荷的阳离子。因为相似的电子排布，使它们具有相似的性质。

　　s 轨道上最多容纳 2 个电子，p 轨道上最多容纳 6 个电子，d 轨道上最多容纳 10 个电子。从硼素（B）到氖（Ne）以及下一行的元素之所以是 6 个，是因为 p 轨道中最多容纳 6 个电子。而从钪（Sc）到锌（Zn）是 10 个元素，也无非是因为 d 轨道上最多容纳 10 个电子。由此可以看出，原子的性质、原子的周期性与其最外层的电子数有很大的关系。

　　再重复一遍，电子进入 3d 和 4s 轨道的顺序是相反的，是因为外侧电子层的 4s 轨道比 3d 轨道的能级低。

　　在元素周期表中，从钪（Sc）开始的 3 列到 10 列元素被称为过渡元素。在过渡元素中新加入的电子依次填充到次外层 d 轨道的空位上。因为最外层没有变化，所以具有相似性质的过渡元素有排列的倾向。而且，11、12 列元素由于 d 轨道处于闭壳层状态，一般不称为过渡元素。

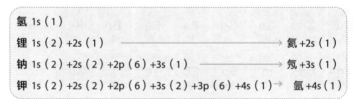

图 8　类似结构的电子配置

每个原子轨道的图像

下页的图简单描绘了 1s、2s、2p 轨道。在旧的原子模型中，1s 和 2s 轨道被描绘为圆形，现在根据量子论的理解，被描绘为球形。

电子密度（电子存在的概率）低的部分称为节点，1s 和 2s 轨道之间等各 s 轨道之间都有节点。

最多容纳 6 个电子的 3 个 p 轨道，沿着正交的 x 轴、y 轴、z 轴成为哑铃形的轨道。原子核在两个球的中心。左右分开的两个球不是完全相同的，是左右相位翻转的状态。

碳的特殊情况

原子之间最常见的化学键是共价键，它是通过彼此共享电子形成的。氢分子等双原子分子为其代表。

只在 1s 轨道上有 1 个电子的氢原子，会与其他原子共享电子，通过电子共同围绕靠近的两个原子核而紧密结合。除了利用 s 轨道上的电子形成共价键之外，还有通过 p 轨道上的电子而形成的共价键。

碳原子最外层有 4 个电子，可以形成 4 个共价键，由于这样的特征，碳是组成生命的重要元素。4 个电子有一样的结合力，这在正常的 s 轨道、p 轨道是不能理解的。

碳原子共有 6 个电子，1s 轨道有两个，2s 轨道有两个，$2p_x$ 和 $2p_y$ 轨道各 1 个。先说答案的话，碳原子实际上具有将 2s、2p 轨道杂化的特殊电子轨道。请看一下下页甲烷（CH_4）的结构，它由 4 个氢原子与 1 个碳原子结合形成。从中心的碳原子向 4 个方向延伸，与氢原子紧密地结合在一起。

碳原子具有将 2s、2p 轨道杂化的特殊原子轨道，称为 sp³ 杂化轨道。在碳原子的 L 层有 4 个电子的情况下，比起 2s 轨道上有两个电子和 2p 的不同轨道上各有 1 个电子，杂化的 4 个轨道上各有 1 个电子的能级更低，所以碳原子放弃了正常的原子轨道，采取了这种特殊形式的原子轨道。

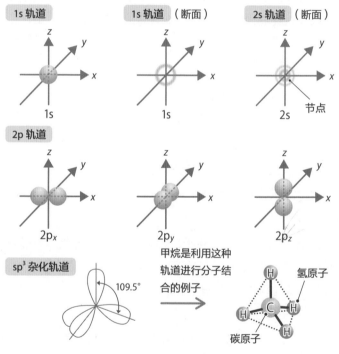

图 9　原子轨道图像

碳的 sp³ 杂化轨道形成的每条手臂之间的夹角为 109.5 度。

量子化学改变化学世界

轨道函数

用圆描绘原子轨道的原子模型通俗易懂，但与实际的原子图像有很大差距。现在，原子轨道是以计算出的电子存在概率为基础，以电子云的形式立体地表示。

● 更精确的原子轨道图像

当我们试图展示离原子核最近的 1s 轨道的电子的位置和动态时，旧的原子模型使用的是电子在平面圆形轨道上绕电子核旋转的图像。

这样的图像，在学校最初学习原子和原子核的结构时是非常有效的，但实际上电子运动并不是那么简单。电子围绕电子核的距离并不总是固定的，也不是简单的平面圆形轨道。

关于 1s 轨道的电子的运动，如果解开量子论的核心——薛定谔方程，就会得到"电子在围绕原子核的球形区域的某个位置"的结果。用旧的模型表示的圆形轨道的半径，只是预测电子与原子核的距离，并没有实际显示电子所在的位置。

现在，除了 s 轨道以外，在表示轨道上的电子状态时，存在概率最高的位置大多是以很多的黑点来描绘的。这样的电子图像就像围绕原子核的云一样，所以被称为电子云。

在旧的原子模型中，电子的运动被描述为以固定的形式、固定的距离围绕原子核在轨道上运转。与此相对，从量子论中推导出的新的、更精准的图像中，电子的运动和位置是通过轨道函数（波函数）来表示的。

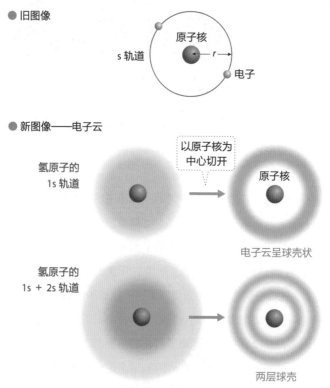

● 旧图像

s 轨道　原子核　←r→　电子

● 新图像——电子云

以原子核为中心切开

氢原子的1s轨道　原子核　电子云呈球壳状

氢原子的1s + 2s轨道　两层球壳

图10　s轨道的新、旧图像

从简单的圆形轨道到电子云。旧图像明确确定了电子与原子核的距离（r），但是电子轨道半径在新图像中并不是固定的，存在概率高的地方描绘得深，概率低的地方描绘得淡。立体的电子云有一定的厚度，呈球壳状。同时描绘 1s、2s 的轨道，是两层球壳包裹着的原子核的图像。

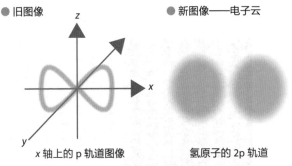

图11 p 轨道的新、旧图像

p 轨道的旧图像多是平面描绘的，但在使用电子云的新图像中，p 轨道被描绘成没有手柄的哑铃，或者是两个蚕茧相连接的立体图像。在左右电子云连接的节点有一个原子核。

● 电子云决定原子的大小

直接观察大气中动能较大的气体的原子和分子（比如氩原子和氮分子）是很难的，但可以用电子显微镜观察不动的金属和晶体的表面。

具有一定大小的原子以一定的间隔排列的金属表面图像也被公开，在那里看到的原子的大小就是最外层电子云的大小。

每个原子都有固定的大小。例如，盐（氯化钠）的晶体中，氯离子和钠离子呈格子状排列，钠离子很小，氯离子很大。实际上它们的大小和直径之比相差 2.3 倍左右，这也是由最外层的电子云直径不同造成的。

随着原子序数的增加，原子核中的质子和绕原子核旋转的电子的数量也增加了。这意味着吸引电子的原子核的引力变强。其结果是环绕的电子被吸引，各层原子轨道一点点地向原子核

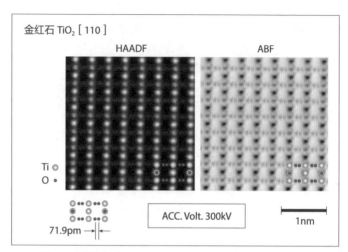

图 12　高性能电子显微镜下的二氧化钛（TiO_2）晶体内部的照片

从 [110] 方向拍摄钛原子和氧原子整齐排列的二氧化钛晶体。左图是通过高角散射环形暗场扫描透射显微镜拍摄的照片。右图是用环状明视野法通过超高分辨率电子显微镜拍摄的照片。右图中也观察到了氧原子。

照片提供：东京大学工学系研究科综合研究机构·几原雄一教授

参考：日本电子有限公司官网

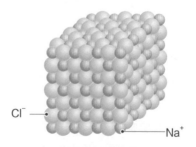

图 13　氯化钠结晶的图像

在巨大的氯离子的中间，钠离子填补了这个空隙。

靠近。

例如，如果将 p 轨道的电子一个一个地增加的原子按照原子序数顺序排列进行比较的话，原子序数越大，原子的尺寸就越小。

在元素周期表中，原子序数为 11 号的钠到 18 号的氩排成一横行。从原子轨道看，是 3s 的轨道被填满，3p 的轨道按照顺序被填满的排列。这一行的原子基本遵循这个规律，因为原子核引力变强了，镁原子比钠原子、氯原子比硫原子尺寸更小。但是有个例外，由于 3s 和 3d 轨道大小的问题，比起镁原子，铝原子的尺寸变大了。

如果看纵列，例如第 1 组的"H → Li → Na → K → Rb"，越往后原子尺寸就越大。这是因为最外层的原子轨道按照 1s → 2s → 3s → 4s → 5s 的顺序增加。而 2s 轨道比 1s 轨道、3s 轨道比 2s 轨道更宽，因此原子的尺寸也会越来越大。

在水溶液中等多种情况下，原子会变成离子。这是在初中、高中也能接触到的内容，所谓电离，即意味着接收或者释放电子。这表明原子轨道的最外层发生了变化。

一般来说，当接收电子变成阴离子时，尺寸会比原来的原子大。相反，当失去电子阳离子时，尺寸会比原来的原子小。随着

图 14　原子尺寸的比较：Na~Ar

越往右（原子序数越来越大），原子的尺寸越小。电子开始进入 3p 轨道的铝原子比镁原子稍大。

图 15　电离后原子大小的变化

携带正电荷的阳离子尺寸比原来的原子小，携带负电荷的阴离子尺寸比原来的原子大。

对电子层的理解，就能直观理解这一点。

⚪ 氢成为双原子分子的原因

氢、氧和氮，在大气中不是单原子的状态，而是以双原子分子的形式存在。物质为了追求稳定，总是保持能量低的状态。氢和氧之所以成为双原子分子，是因为比起单独存在，这种状态能量更低、更稳定。以氢为例解说，其结合状态如下页图所示。

如果原子相互靠近，两个电子云就会相接，开始重叠。因为原子核带正电荷，因此会互相排斥，当电子云靠得很近成为一个椭圆球时，两个氢原子核之间会形成电子密度很高的带负电荷的区域，按照 '+ − +' 的形式两个原子核牢固地结合在一起。

两个电子云紧密地重叠在一起，意味着氢原子的原子轨道会发生变化。它不再是围绕一个原子旋转的轨道，而是围绕两个原子核的成键分子轨道。

这是因为成键分子轨道的能级低于正常 1s 轨道，换句话说，

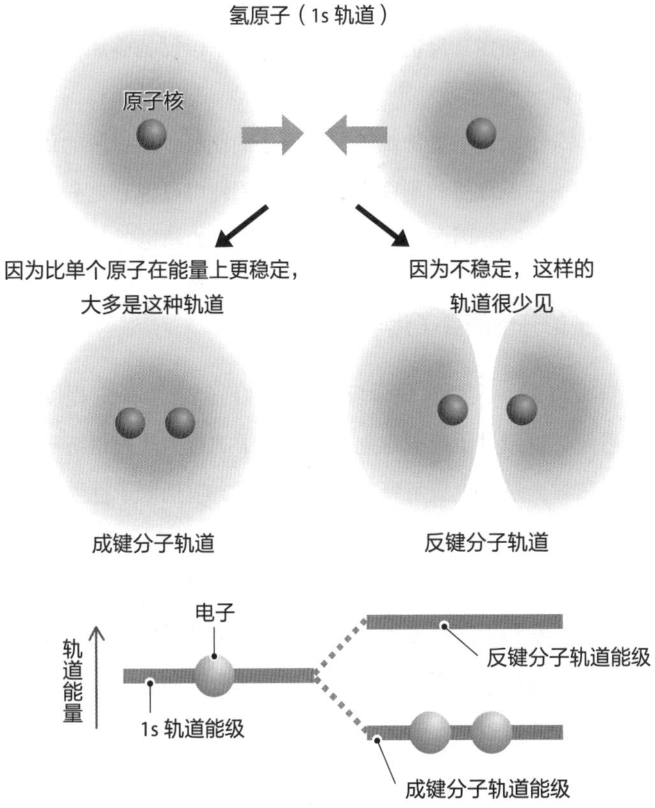

氢原子（1s 轨道）

原子核

因为比单个原子在能量上更稳定，
大多是这种轨道

因为不稳定，这样的
轨道很少见

成键分子轨道

反键分子轨道

电子

轨道能量

1s 轨道能级

反键分子轨道能级

成键分子轨道能级

图 16　氢 1s 轨道的成键分子轨道和反键分子轨道

这种形式更稳定。这就是氢原子不再是单个原子而变成双原子分子的原因。以这种方式共享电子的原子键称为共价键。

当然，也有不共享电子的分子轨道，它被称为反键分子轨道，因为它不是成键分子轨道。正如量子论中所解释的，围绕原子核运行的电子还保持着波的性质。

波与波重叠，相互加强和减弱，成键分子轨道的电子是同相叠加可以相互加强，反键分子轨道中的电子以反相叠加，因此它们相互减弱。

反键分子轨道的能级高于单独原子的能级。从原子的角度来看，它是一种不自然和不稳定的状态，因此可以说它是一种"不想成为"的状态。因此，电子很少进入这样的轨道。

○ 量子论开创的量子化学

自古以来，人们对化学反应的原理已经有了一定程度的理解。然而，直到量子论被建立，单个粒子的行为才变得清晰。特别是，在看到量子论里解释的电子状态后，包括原子性质在内，对其理解有了很大的进步。

此外，通过计算机模拟更容易追踪化学反应，化学药品和医用药品的开发和生产速度也大大提高。使用量子论进行深入研究的化学被称为量子化学。量子化学对理解金属和晶体、半导体也做出了很大的贡献。

第 4 章

Chapter_4

地 球

解释地震和火山的构造学理论

板块构造学说、大陆漂移学说

来自地球深处的热量使液体的外核、固体的地幔形成对流。受热上升的地幔推动人类生活的地壳板块移动。地球表面移动的板块是地震、火山爆发的起因。

从大陆漂移学说到板块构造学说

大陆在移动，虽然速度缓慢，但确实在移动，历经数千万年变成不同的形状。恐龙生存的时代和现在相比，陆地的形状和位置都有很大的不同。如果大陆的位置不同，洋流就会发生变化，气候也会发生很大的变化，这很自然。

如果知道大陆在哪里分裂，各个大陆板块向哪个方向移动，就可以预测出将来地表会变成什么样的形状。相反，如果知道大陆板块以什么速度和什么方向运动，就能推测出过去大陆的形状和分布。

德国气象学家阿尔弗雷德·魏格纳根据生存在过去的动物、现代动植物的分布，推测出现在四分五裂的大陆在很久以前曾是一个完整的大陆。

魏格纳不经意间发现，南美洲东海岸轮廓和非洲西海岸轮廓非常契合，于是他在1912年提出了"大陆漂移学说"，即巨大的陆地分裂后分离，经过一段时间的漂移，形成了现在的形状。

现在我们知道魏格纳的核心主张是正确的，其学说主干部分也得到了证明。

薄薄覆盖在地球表面的地壳是由 20 块左右的板块组合而成的，随着各个板块向特定的方向移动，附着在板块上的大陆也跟着移动。板块既有轻且厚的大陆板块，又有密度大且重的大洋板块，还有薄的大洋板块俯冲到大陆板块之下这种情况，沉降的部分称为海沟。

大洋板块向下俯冲时，上面的板块和下面的板块之间，会产生强大的压力。被拖拽的大陆板块，在这一过程中会重复返回原状的运动，返回时的冲击力会引发地震。由于板块的下沉部分大多在海底，所以反作用力会使海水剧烈运动，这是引发海啸的主因。

图1 覆盖地球的板块

地球表面的地壳共分为 20 块左右的板块。地震多发生在板块相接的地区。

⬤ 地球的构造和传导热

地球中心的温度大约为 5500℃。通过计算和实验，推测出地幔和外核的边界（深度 2900km）的温度约为 2200℃。在外核中，流动着以铁和镍为主要成分的液体，将中心核的热量传导给地幔。地幔虽然是固体岩石，但受到传导来的热量的影响，像气体和液体一样慢慢地形成对流，上升的地幔成为推动地壳碎片（板块）移动的力量。20 世纪 60 年代后期提出的这个理论被称为板块构造学说。

板块构造学说认为，地震和火山喷发是由板块边界附近产生

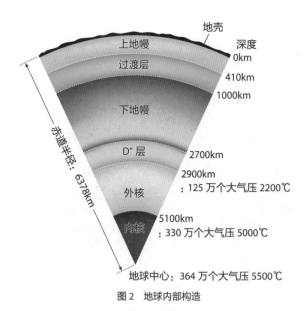

图 2　地球内部构造

地球由内核、外核、地幔、地壳四层构成。相对较近的地幔也分为上层和下层，两者之间的边界区域被称为过渡层。

的压力和反作用力所引起的。

地幔上升的部分大多在海底。在大西洋的中央，太平洋的东部等地方可以看到被称为海岭的地貌。通过非洲和南美洲之间的大西洋可以知道，海岭之所以位于海底，是因为海水流进了被撕裂的板块之间。

到了 20 世纪 90 年代，该理论无法解释清楚的地方得到了补充，理论得到了更新。

与地核相接的下地幔由于传导来的热量而变得柔软，密度变小的部分成为团块在地幔中上升。沸腾上升的团块被称为地幔热柱。海岭就形成于它的正上方。地幔热柱在地壳的正下方，在高压下释放并熔化的岩浆成为新地壳的材料。大洋地壳之所以比大陆地壳重，是因为它由密度大的地幔物质构成。另外，地壳运动

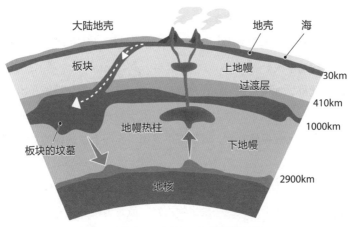

图3 过渡层以及上升和下沉的地幔柱图像

地幔热柱沸腾上升，堆积的旧地壳就会变成地幔冷柱，朝着地核下沉。地幔冷柱堆积的地方被称为板块的坟墓。

的原因是，在海岭地区形成的新地壳，将旧地壳推向海沟。

除了大面积沸腾上升的地幔热柱，还有在极其狭窄的范围内以突破点的形式沸腾上升的地方。这种地幔热柱的出现地被称为热点，其代表地点是夏威夷群岛。在热点的正上方形成火山岛，但由于太平洋板块正在向西北方向移动，因此，经过一段时间后，地壳的热点位置会发生偏移，在东南方向将形成新的火山岛，火山岛经过很长时间后呈带状连在一起。夏威夷群岛就是这样形成的。

另外，根据地震波等的解析，可知地幔不是单一的结构，而是上下两层的分层构造。上升的地幔热柱形成的新地壳被挤压，大洋板块俯冲到大陆板块之下，但旧板块在某一区域，能量储存到一定程度之后在一定周期内朝着地核下沉。朝着地核下沉的冷却的原始板块被称为地幔冷柱。而那个暂时储存地幔冷柱的地方，正是上下地幔之间的过渡层。

这种包含有地幔柱上下移动的新板块构造基本理论就是地幔柱构造学说。

此外，地幔热柱一旦在过渡层停止，其中一部分重新开始缓慢上升。如果炽热而巨大的地幔柱一下子到达地壳，就会在地表大面积、大规模地喷发，后果不堪设想。实际上，这样的事情过去也发生过。

人们认为在二叠纪末期（古生代末期），一块完整的大陆分裂，导致历史上最大的一次生物灭绝，就是地幔热柱直接上升导致的。提出假设阐释过去大量生物灭绝理由的地幔柱构造学说是划时代的新理论。

● 日本与地震密不可分的关系

全世界 10% 的地震发生在日本，地震多发是因为日本位于四个板块的交界处。在大陆板块下面有大洋板块，而大洋板块下面又有其他板块俯冲的日本列岛，经常受到很复杂的力的作用。

地震一般有两种类型，一种是由于板块下沉造成的压力释放产生的，另一种是由于板块压力在地壳表面应变累积形成断层错位移动产生的。在日本，这两种类型的地震频繁发生，从地表附近到地下深层的许多震源被记录在册。地震多发只能说是日本的宿命。在日本，也观测到了另一种地震类型，它的震源在日本正下方的过渡层，推测是地壳的岩石断裂向地核掉落时产生的。

图 4　日本和四个板块的关系

4 个板块在日本地下相互挤压，这就是世界上 10% 的地震发生在狭小日本的原因，也是日本火山和温泉多的原因。

附着体和日本的形成

日本位于大陆板块的边界，不断地浮出、沉没、再浮出，从而形成现在的地貌。在这一过程中，有很多漂浮在板块上的火山岛与日本相撞，并附着到板块上成为日本的一部分。

与板块完全一体化的小岛屿，就这样慢慢地沉入海沟。但是，与板块连接不是很紧密的稍大的岛屿，从附着的板块分离，就这样成了日本的一部分。以这种方式连接而成的部分被称为附着体。

其中最容易理解的例子是伊豆半岛。伊豆半岛诞生在太平洋，缓慢北移与日本相撞，结果就诞生了箱根和丹泽的群山。但是，其实丹泽原本也是诞生在太平洋上的火山岛，比伊豆半岛更早与日本相撞。日本是由大陆边缘的"原日本"与诞生在太平洋上的岛屿相继碰撞而形成的。现在的日本，是基于全球规模的板块构造学形成的。

火山形成的地方

下沉的板块俯冲到某一深度，由于摩擦热等原因其上部的岩体开始熔化。岩石熔化形成的岩浆不断上升，在其正上方形成火山。热点除外，许多火山都是这样形成的。

大洋板块俯冲到大陆板块下的角度，在正常情况下不会有太大的变化。但是，如果堆积在上地幔和下地幔交界处的旧地壳碎裂般向地核掉落，该区域的压力平衡就会发生变化，板块俯冲的角度也会发生变化。因此，以大角度俯冲的板块，会以与之前相比更平缓的角度俯冲。

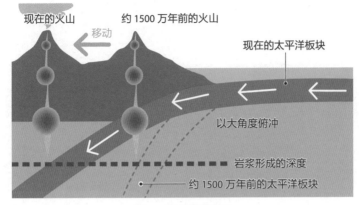

图5 火山形成的地方

如果俯冲的板块达到一定深度，接触面的岩石就会熔化形成岩浆，火山就诞生在其正上方。

虽然岩浆形成的深度不会变化，但岩浆形成的位置会发生变化。如果火山带的位置发生偏移，可以视为地下岩浆形成的位置发生了变化。

图6 移动的火山前线

火山的位置同时偏移意味着地下板块的俯冲角度发生了很大的变化。

月球诞生于行星碰撞的假说

大碰撞假说

月球是维持地球稳定不可或缺的巨大卫星。关于月球的诞生，目前最有力的说法是：它是在地球诞生后不久，由火星大小的行星以某个倾斜角度撞击地球后诞生的。月球稳定地轴的倾角，形成规律的四季，有时候也会成为保护地球免受陨石撞击的盾牌。

◯ 月球的恩惠

月球的质量大约是地球的 1/81。相对于地球来说，月球的质量足够大了。月球沿近乎正圆的轨道围绕着地球公转，因此它可以使地轴始终保持 23.43 度的倾角几乎没有变化。

温带地区的四季更替规律，从极地到热带的气候动态变化，不会对居住在那里的生物造成大的伤害，都得益于稳定的地轴。

月球的直径为 3476km，约为地球直径的 27%。密度是每立方厘米 3.34g（地球是 5.52g），月球的密度之所以较小，是因为其内部没有像地球那样的地核。另外，月球的表面引力约为地球表面引力的 16.7%，即约为 1/6。

火星的转轴倾角为 25.2 度，非常接近地球。因此，会出现它与地球环境非常相似的说法。但是，这只是"现在这样"而已。实际上，火星的转轴倾角并不稳定，围绕某个角度变化幅度为 ±10 度。长期来看，波动很大。

火星上有两颗卫星，火卫一（福波斯）和火卫二（戴摩斯），均被认为是被火星捕获的小行星，对于火星来说，它们的质量非常小，没有力量影响火星的自转及转轴倾角。因此，火星的气候在长时间内会有相当大的变化。

行星的环境对生命的诞生和进化有很大的影响。地球生物现在的繁荣，从某种意义上来说，也是得益于月球的存在而形成的稳定环境。

在宇宙中，彗星和小行星的轨道会由于某些因素而发生改变，偶尔也会发生行星相撞的"事件"，多亏月球承担了其中一部分的碰撞，使地球遭受的灾难减少了。如果没有月球的话，那么类似于毁灭恐龙的陨石坠落事件将会更加频繁地发生吧。

图7 从地球仰望月球

虽然月球永远用同一面向着地球，但由于天平动，从地球可以看到月球表面的 59%。母行星拥有如此大的卫星是非常罕见的。

在地球上生命诞生的同一时期，太阳系内行星的位置和引力平衡被打乱，小行星带等的小天体、微小天体的轨道失衡，进入了集中撞击行星的时期（后期重轰炸期），月球背面的许多小陨坑被认为是那个时期的痕迹。

另外，如果没有月球的话，地球受到的潮汐力就只来自太阳，海平面的上下垂直运动将是当前的三分之一。减弱的潮汐，也会给地球环境及生命的进化带来不小的影响。

旧学说

现在的月球，是什么时候、如何形成的呢？初期提出的月球起源学说，大体可以归纳为以下三种。不过，这些学说现在看来有点过时了。

其一，分裂说，是指原始地球还处于混沌状态，并以高速自转，其中一部分物质因离心力而被抛离，形成月球，也有人认为太平洋就是那时候的遗迹。这一学说是由进化论的提出者达尔文的儿子乔治·达尔文在 19 世纪末最先提出的。

其二，俘获说，是指在太阳系的其他地方诞生的小天体，某日接近地球，并被其引力俘获而成为卫星。

此外，还有同源说，即月球和地球以地球公转轨道上的气体和尘埃为物质基础，诞生于同一时期，但无论哪一种，如果让它满足地球和月球之间关系的诸条件，都会存在不合理和矛盾。

月球的密度之所以比地球小，是因为内部月核中铁和镍含量少。另外，通过调查氧的同位素等，会发现地球和月球是由相同

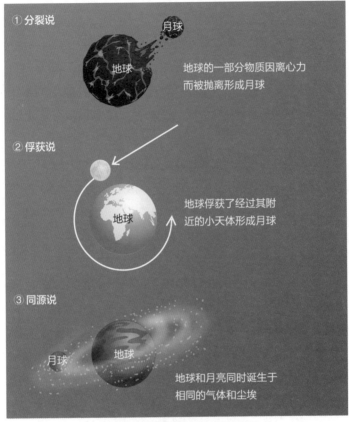

① 分裂说

月球

地球

地球的一部分物质因离心力
而被抛离形成月球

② 俘获说

地球

地球俘获了经过其附
近的小天体形成月球

③ 同源说

月球

地球

地球和月亮同时诞生于
相同的气体和尘埃

图8 关于月球起源的三种旧学说

或非常接近的物质构成的。但是，月球并不是和地球同时诞生的，
月球诞生较晚。通过各种观测以及对阿波罗号宇宙飞船从月球上
带回的石头进行研究，我们逐渐了解到这一事实，上述列举的三
种学说均不正确。

● 大碰撞假说

太阳系形成之初，在非常靠近太阳的轨道上曾形成过一些大大小小的行星。这样的行星、微行星反复互相碰撞、吸积，形成了更大的行星。地球附近也曾形成了火星大小的行星，但有一天发生了与原始地球碰撞的事件，那颗行星现在暂时被命名为忒伊亚（Theia）。

根据测算，与忒伊亚的碰撞是从斜上方"擦过"的，而不是从正面撞击。虽然忒伊亚完全崩毁了，但是地球也不是完好无损的，它的构成物质像被削掉一样抛向了宇宙。地球一度曾从诞生时灼热的胶着状态凝固成固体，而那次撞击再一次熔化了形成固体表面的地球。

散落在宇宙空间中忒伊亚的碎片以及被削掉的地球地幔、地壳的一部分被地球的引力吸引，再次回到地球。飞散的碎片一小部分完全摆脱地球的引力散落到太阳系中，但是大部分还是留在了环绕地球的轨道上，月球便是诞生于这些物质，这就是大碰撞假说。就这样，月球和地球成了同时拥有来自原始地球和忒伊亚的物质的天体。

这个学说没有旧学说那样的矛盾，不仅能够清楚地解释月球的起源，还能解释构成物质相近的缘由，而且通过基于该学说的模拟实验也能很好地说明为什么地轴倾角为 23.43 度。

关于月球的形成时间有各种各样的说法，从 45.67 亿年前的太阳系形成到数千万年乃至 2 亿年后。但根据 2014 年《自然》杂志上刊登的一篇论文，该范围已缩小到约 9500 万年 ±3200 万年。目前确定月球大约形成于 44.7 亿年前。

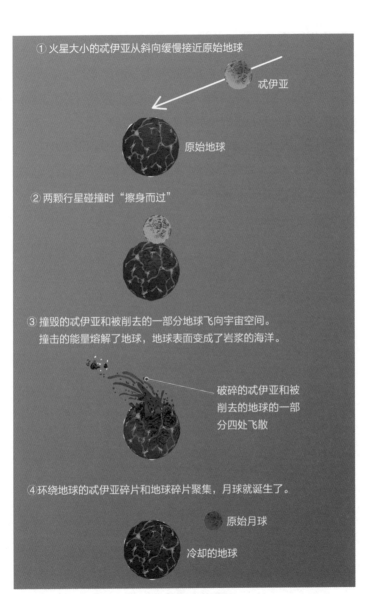

①火星大小的忒伊亚从斜向缓慢接近原始地球

忒伊亚

原始地球

②两颗行星碰撞时"擦身而过"

③撞毁的忒伊亚和被削去的一部分地球飞向宇宙空间。
  撞击的能量熔解了地球，地球表面变成了岩浆的海洋。

破碎的忒伊亚和被
削去的地球的一部
分四处飞散

④环绕地球的忒伊亚碎片和地球碎片聚集，月球就诞生了。

原始月球

冷却的地球

图9　月球诞生的图像

可能有两个月球的学说

也有学者展示了忒伊亚撞击并形成月球时，既没被地球也没被月球吸收的物质，在偏离月球位于 60 度的月球轨道上，即拉格朗日点聚集，形成另一个小月球的模拟结果。

但是，那个小月球很快由于失去了引力平衡而撞击月球。月球在朝向地球的正面和在地球上无法看到的背面的外观有很大差异，表面引力的分布也有很大的不同，所以有人推测这可能是小月球撞击的结果。

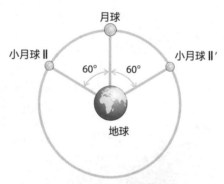

图 10　小月球的预测位置

如果真的有小月球，预计将出现在偏离月球 60 度左右的拉格朗日点。但是，据推测，小月球的轨道很快就会变得不稳定，被月球撞击并吸收。

其他行星和卫星的状况带来的启示

环绕土星轨道外侧的天王星转轴倾角为 97.9 度。天王星几乎呈横卧状态。普遍认为导致该转轴倾斜是大质量行星碰撞的结果。根据计算可知，形成这个倾斜角度，至少需要质量为地球大小的行星撞击两次。

2005年，鲁宾·卡努普（Robin Canup）等人针对冥王星卫星冥卫一卡戎（Charon）也发表了这样的理论，冥卫一与地球的卫星月球诞生于同一时期，因为大碰撞而诞生。

在冥王星存在的区域，有无数个冥王星大小或比它小的天体，被称为柯伊伯带天体。据说小天体在太阳系形成时比现在还要多。该学说认为，当与附近的冥王星质量差不多的天体缓慢碰撞致粉碎时，之后形成冥卫一卡戎的物质散布在冥王星周围，以那些碎片为基础形成了冥卫一卡戎。

从行星降级为矮行星的冥王星的直径为2370km。仅仅约为月球直径的70%。冥卫一卡戎的直径为1208km，不仅直径是冥王星直径的一半以上，而且其质量是冥王星质量的九分之一，这个比例大大超过了地月质量比。这样的卡戎正环绕冥王星在直径大约为2万千米的轨道上运转。因为冥王星的自转周期和卡戎的公转周期完全一致（约6.4天），所以，在冥王星所在的位置，通常可以看到卡戎在其头顶的相同位置，真的很有趣。

图11　冥王星与卡戎

新视野号探测到，冥王星和它的巨大卫星卡戎的关系与地球和月球的关系类似。

气候变化和全球变暖的理论

气候变化理论，全球变暖理论

地球的气候不是一成不变的，由于各种各样的因素，在长期、短期内总是在不断地变化。变化的因素有很多，也存在着复杂的关联。如果地球储存的热能增加，地球就会变暖。如果散热系统功能增强，寒冷就会加剧。

◯ 能量收支决定地球平均气温

地球获得的总能量是地球内部的放射性物质产生的热能、月球和太阳的潮汐力产生的热能、人类活动产生的热能以及太阳辐射产生的能量的总和。

地球深层高温，比如地核中心部分温度超过 5500℃。其热能从地核传导到上地幔，地幔对流推动地壳板块运动，成为火山喷发的动力。即便如此，它也无法使整个地球变暖。在太阳辐射产生的能量面前，人类活动和潮汐力所产生的热能都是微乎其微的，地球能量收支的输入部分，太阳辐射的能量占 99.97 %。在来自太阳的所有波长的电磁波中，X 射线和伽马射线、微波是极其微量的，紫外线、可见光、红外线几乎占百分之百。其中，紫外线占 7% 左右，其余的 93 % 是可见光和红外线，大致各占一半。

46 亿年以来，太阳发出的光温暖着地球，孕育并维持着生命。太阳就是地球之母。

如果地球始终将接收的能量等量释放到宇宙，则地球的能量收支就会处于平衡状态，不会出现温度持续上升或下降的现象。

然而，近百年来，世界平均气温却持续上升，其结果是海平面上升，有些国家面临沉没的危机。

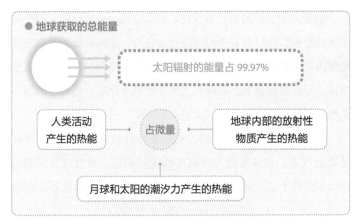

图12　地球能量收支的输入部分

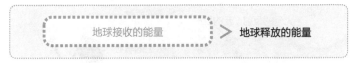

图13　全球变暖加剧的当前地球能量的收支

气温变化的主要原因

地球表面温度上升的原因是地球释放到宇宙的热能比获取的热能少，可以认为是影响热能的诸多因素中"保热因素"起了很大作用。

覆盖着冰雪等白色物体的区域，不会吸收来自太阳的光和热，而是将其反射回宇宙空间。白云的量增加，也会有同样的效果。反之，如果云量减少，或者冰雪覆盖的区域变成裸露的地面，那么地球吸收的热量就会随着增加的面积而增加。当然，地球的温度就会上升。

如果太阳辐射的能量有变化，那么它就会对地球的气温产生很大的影响，所以有必要时刻注意。还有，影响地球能量收支的地球内部因素主要有：二氧化碳、甲烷、水蒸气、氟利昂等温室气体，平流层的臭氧，漂浮在大气中的微小浮质，地球上的冰雪面积、云量等。

浮质有来自人类活动的，也有来自自然的。前者是指工业活动或汽车、日常生活等排放的粉尘和烟雾，最近成为问题的PM2.5就属于这一类。后者中具有代表性的是火山喷发排出的微

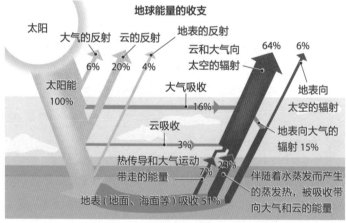

图 14　平衡时地球能量的收支

如果温室气体在大气中增加的话，大气的吸收就会增加进而改变这个循环。

小颗粒物。

　　浮质根据物质的种类、尺寸、在大气中的高度——在云上还是云下等因素，会有不同的效果。因此，不仅要知道某个区域的大气中是否有浮质，还要知道哪个高度上分布着哪种浮质，这一点非常重要。

　　厚厚的云层遮挡太阳光，使热量和光线难以到达地面的现象被称为阳伞效应。阳伞效应长期持续的话，地表会变冷。浮质高度不同，阳伞效应会增强或减弱。另外，浮质自身就有变为凝结核形成云的作用。如果没有详细的观测数据，对其影响程度的判断就有可能出错，因此现在人们已经开始尝试通过使用人造卫星获取水平分布和垂直分布的数据进行综合判断。

　　地球将来是变暖还是变冷，表现为所有相关因素的叠加，因

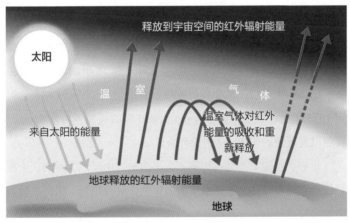

图15　温室气体的负面作用

被称为温室气体的多种气体吸收地球释放的红外辐射能量，然后重新释放，这种循环导致全球变暖。

此有必要对各个因素进行仔细研究。为了做出更准确的判断，收集过去的地球环境数据和与之相对应的气温变化信息也成为重要的课题。

● 大气中的温室气体急剧增加

尽管温室气体的数量远少于氧气和氮气等，但诸如二氧化碳和甲烷等温室气体原本就存在于地球大气中。数亿年前，大气中的二氧化碳数量是现在的数倍，而且也有大量甲烷释放到大气中。

目前，地球的平均气温约为 14℃。通过计算得知，如果根本没有二氧化碳等温室气体，地球的气温将在 –19℃ 左右。也正因为有一定数量的温室气体，地表的生物才能够在舒适的气温下安心地生活。

不过，虽然温室气体的影响也取决于物质，但大多数温室气体即使是微小的量也会产生一定的影响。例如，只要 0.03% 变成 0.04%，就会表现出明显的温度上升。到 18 世纪为止的过去一千年里，大气中二氧化碳的浓度一直维持在 280ppm 左右，但到 1985 年增加到了将近 350ppm。2015 年的观测值为 400ppm，目前没有迹象表明浓度上升会停止。

也有人说温室气体的影响不大。但是，由于人类活动，仍在持续排放温室气体，这是事实。温室气体吸收热量，阻碍热量向宇宙释放也是事实。

如果显示地球平均气温的曲线停滞，或者相反出现暂时下降的情况，这就意味着抑制全球变暖的其他因素正在发挥巨大的作

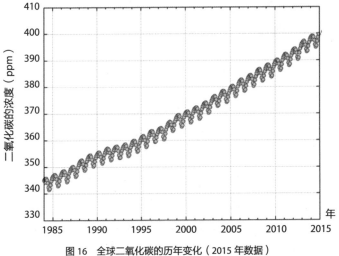

图16 全球二氧化碳的历年变化（2015年数据）

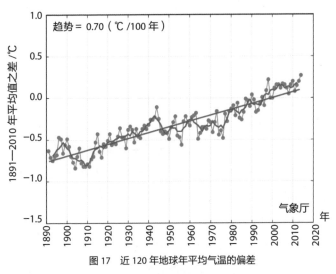

图17 近120年地球年平均气温的偏差

历年变化的数据显示，二氧化碳确实每年都在持续增加，而且，增加的二氧化碳主要来源于人类活动。

用，它既不能说明温室气体的作用在减弱，也不能说明温室气体的作用本来就很弱。

● 全球变暖的趋势

联合国政府间气候变化专门委员会（IPCC）在第五次评估报告中指出，1880 年至 2012 年期间，地球平均气温上升了 0.85℃。特别是过去的 50 年至 60 年间上升尤为明显，1951 年至 2012 年期间每 10 年上升 0.12℃。此外，1998 年至 2012 年期间每 10 年上升 0.05℃，上升速度呈现下降趋势。

从地球过去的温度数据来看，在过去的 4000 年里，的确存在一个与现代匹敌的高温期。以此为理由，有人认为无须担心全球变暖。但是，被认为是全球变暖主要因素的温室气体持续排放是事实，并且它在大气中持续蓄积，这一情况与过去的高温期不同。

也有人主张，现在正是太阳活动减少的时期，未来地球的气温将会下降。但是，即使气温下降或停滞上升，如果地球大气层仍然含有大量温室气体，那么总有一天温度会大幅上升。

随着全球变暖，海平面也在持续上升。关于海平面上升，吸收大气热能导致温度升高的海水热膨胀比由于融化的冰盖和冰河导致海水量增加的影响更大。即使海水量没有变化，如果温度持续上升，海水的膨胀将进一步增大，涨潮等的影响也会增大。但是，由于高纬度地区的气温上升幅度较大，今后在格陵兰的冰盖大面积融化的情况下，海水量肯定会增加，会产生不容忽视的影响。

日本国立极地研究所的报告估测称，1993 年至 2005 年海平面上升的 4%～23% 是由格陵兰岛冰盖融化造成的。

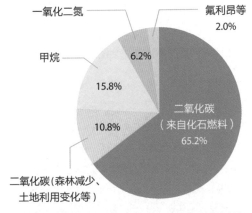

图 18　严重影响地球的主要温室气体的影响程度占比

根据 IPCC 第 5 次评价报告书及气象厅主页制作而成。饼状图中的比例不是实测的数据，而是换算成二氧化碳的影响程度。甲烷中还含有作为家畜饲养的牛等动物打嗝排出的气体。今后，如果永久冻土的融化加剧，地下的甲烷也会大量地释放到大气中。

　　目前观测到的导致地球温度上升的主要因素是以二氧化碳为主的温室气体。更糟糕的是，由于高纬度地区变暖，苔原地区的地面温度也随之上升，使永久冻土中封存的甲烷水合物蒸发，排放到大气中的甲烷持续增多。

　　甲烷的温室效应是二氧化碳的 23 倍，如果按照目前的情况发展下去，到 21 世纪末，世界平均气温将上升 4℃。据预测，即使今后几十年二氧化碳等的排放量大幅减少，但是已排放的温室气体也不会轻易消失，预计影响将持续到千年甚至更长时间。

　　全球气候变化理论还不完善，模型的完成也还需要一段时间。尽管如此，我仍然认为，为了地球上的所有生物，应该尽快制定应对温室气体的对策。

来自银河系的宇宙射线会使全球变冷吗？

太阳活动周期性地强弱变化。当太阳活动减弱，其磁场也减弱时，来自太阳系外部的宇宙射线（源自银河系中的超新星爆炸）进入地球大气层的比例就会增加，这样的宇宙射线会促使云团形成，从而增加云量。有这样一种假说：这样的云层遮挡了太阳光，会导致地球气温下降。以提出者名字命名，将这一系列的效应称为斯文斯马克效应。

对这个假说持怀疑态度的研究者很多，作为气候变化的主要原因虽然被排除在外，但也有一部分人指出，这个理论中也有其正确的部分。

另外，也有研究者提出，围绕银河系公转的太阳系横穿银河系平面时宇宙射线量最多，是造成超长周期内全球变冷的主要原因，其原理如下。

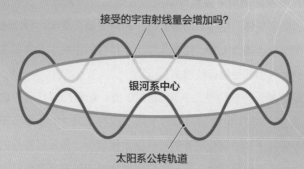

接受的宇宙射线量会增加吗？

银河系中心

太阳系公转轨道

图 19　围绕银河系公转的太阳系轨道

太阳系并不是在单一的圆形轨道上围绕着银河系公转，而是历经数千万年的时间，一边循环往复缓慢地上下移动一边公转。有人认为，这个轨道在穿过银河系平面时地球接受的宇宙射线会增加，云量也会增加。

第 5 章

Chapter_5

生 物

1 生命材料的起源

生命材料的彗星起源论，热液喷口假说

当星际气体收缩产生恒星和行星的时候，星系内已经存在作为生命材料的复杂有机分子，原始的太阳系也是如此，这些物质很有可能是通过彗星运到地球上，成为生命的材料。

○ 地球的"生命之源"是从哪里来的？

在宇宙空间中，不仅仅有单独存在的碳、氮、氧、磷和硫等原子，还有水和甲烷、二氧化碳等多个原子结合成的分子。此外，还有复杂的生命不可缺少的物质，比如某种氨基酸等。

通过光学望远镜和电波望远镜进行光谱分析，漂浮在宇宙中的星际分子的数量超过 100 个，除了苯和萘等芳香烃外，还发现了分子量更大的复杂分子。

当然，我们的太阳系从诞生时开始，就存在对生命非常重要的多种分子。这些分子落在原始地球上，形成海洋并稳定下来，成为生命的源泉。在这样的背景下，为了探寻宇宙中存在什么样的分子和物质，各种各样的任务被计划并执行。

特别引人关注的是小行星和彗星等小天体，它们不会被行星吸收，也没有很大的变化，在46亿年间一直围绕太阳运转。其中，彗星的内部存在什么样的有机物和无机物，有许多研究人员感兴趣。

表1　主要的星际分子

CO	一氧化碳	HCOOH	甲酸
CO_2	二氧化碳	C_2H_4	乙烯
HCN	氰化氢	CH_3OH	甲醇
KCN	氰化钾	CH_3NH_2	一甲胺
CH_2	亚甲基	CH_3CHO	乙醛
C_2H_2	乙炔	CH_3COOH	醋酸
CH_2O	甲醛		
NH_3	氨	C_6H_6	苯
CH_4	甲烷	$C_{10}H_8$	萘

在地球和火星附近的小行星上，由于碰撞和太阳辐射等各种各样的因素产生了热量，导致其上存在的分子的组成可能也发生了变化。

相比之下，从海王星以外的地方落向太阳的彗星被认为含有太阳系的原始物质，处于原始、密封的状态。

利用地面或地球轨道上的望远镜进行光学分析时，需要靠近目标天体收集并带回样本，或者降落到小天体上收集微粒，这些任务都成功了。

美国国家航空航天局的星辰号探测器从维尔特二号彗星带回的样本被发现含有一种氨基酸——甘氨酸。该样品还含有酰胺和腈类等含氮官能团，和酮、酯、醇等含氧官能团。星辰号探测器再次证实了氨基酸和氨基酸的前体等生命必需的有机物，在地球诞生时就已经在太阳系里存在，这就是生命之源。

日本的隼鸟号探测器从S型小行星带回了样本，它的后继者隼鸟2号探测器选择了含有较多有机物的C型小行星作为对象进行取样，我们对隼鸟 2 号探测器会发现什么样的物质充满期待。

是左还是右？

氨基酸是构成蛋白质的主要材料。在生物体内，根据遗传信息，氨基酸有序排列，组成复杂的高分子蛋白质。

目前已知的氨基酸有 300 多种，但是，只有 20 种左右构成了地球生物包括人类体内的蛋白质。虽然有一些动物物种略有不

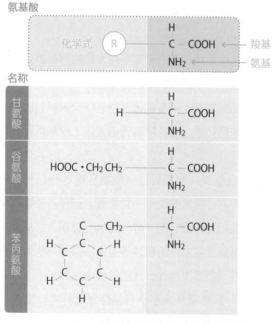

图 1　氨基酸的基本构造和主要的氨基酸

同，但基本原理是相同的。

氨基酸是含有氨基和羧基的有机分子的总称，最简单的一种被称为甘氨酸。把甘氨酸的氢替换成甲基就可以得到丙氨酸，然后通过甲基末端的碳连接一个苯环，就可以得到苯丙氨酸。氨基酸的基本构造如左页图所示。另外，如下图所示，氨基酸中存在对称的物质，就像镜像一样，这样的物质被称为旋光异构体。

左手型和右手型氨基酸又被称为 L- 氨基酸 /D- 氨基酸、L 型 /D 型氨基酸。能够被地球生物所利用或者自身可以合成的基本只有 L 型氨基酸。不过最近发现在一些极特殊情况下会用到 D 型氨基酸，但是一般情况下还是只有 L 型氨基酸。

为什么地球上的生物只能利用 L 型氨基酸呢？从宇宙空间中存在的氨基酸，我们似乎能找到原因。

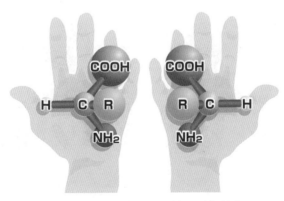

图 2　左手型（L 型）和右手型（D 型）氨基酸

虽然是同样的材料，含有同样的分子量，但是左手型和右手型氨基酸在生物体内是不一样的。地球生物利用的氨基酸基本上只有左手型（L 型），右手型（D 型）氨基酸极少使用。

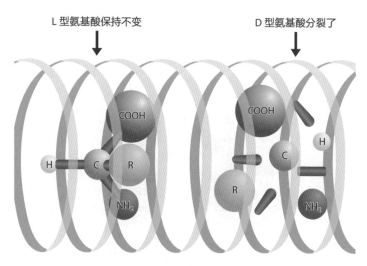

⬤ 圆偏振光和 L 型氨基酸的关系

猎户座三星下方的猎户座大星云 (M42)，是离我们最近的恒星形成区。在这里诞生的恒星比太阳质量大，大多比较明亮。

从猎户座大星云的光谱来看，它含有氢、氧、碳、氮、氖等物质，而且，氢与氦、氮、碳等的比例，与太阳系中的比例非常相近。

长期以来，人们认为中子星发出的圆偏振光可能有助于特定类型的氨基酸合成。这是因为圆偏振光破坏了 D 型氨基酸，只留下了 L 型氨基酸。然而，中子星发出的圆偏振光只照向自转轴垂直方向的狭窄区域，所以没办法产生大范围的影响。

L 型氨基酸保持不变　　　　　　　　　D 型氨基酸分裂了

图 3　圆偏振光中的氨基酸

在圆偏振光中，D 型氨基酸被破坏了，只留下了 L 型氨基酸。由此可以认为这就是宇宙空间中 L 型氨基酸多的原因。

　　但是，2010 年，确认了猎户座大星云中质量较大的恒星（IRc2），朝着大约是太阳系 400 倍的空间发射圆偏振光。如果这是事实，那么在猎户座大星云周围应该基本不存在 D 型氨基酸。

　　很早以前，就有研究表明我们的太阳系也是在像 IRc2 这样的大质量恒星附近诞生的。地球生命之源的氨基酸偏向 L 型，这个和 2010 年的发现一致，这个发现意义重大。

● 低温的化工厂

　　在低温、物质密度低的宇宙空间，怎样才能产生氨基酸和氨基酸的前体呢？关于这一点，我们有各种各样的发现。

　　在存在氢、氧、碳、氮等原子的分子云中，可以生成CO。但是，CO变成HCO的反应，需要2000℃左右的高温，极低温度的宇宙空间中无法发生这样的反应。然而实际上，给CO依次链接一个又一个氢原子，最终CO就会变成甲醇（CH_3OH）。

　　之所以能跨越 2000℃高温这个势垒进行反应，是因为量子力学所说的"隧道效应"。粒子具有波动性，有一定的概率能贯穿势垒，在低温的宇宙空间进行的化学反应被认为是该效应的延伸。

● 来自彗星的有机物落到地球上

　　流星雨是指彗星划过时洒落的彗星小颗粒进入地球大气层时产生的现象。

　　当彗星逐渐靠近太阳时，内部的冰开始融化。彗星在轨道上运行的同时喷出含有有机物的微小颗粒。当地球穿过彗星轨道时，就产生了流星雨。

流星之所以能够发光，是因为高速飞向地球大气层的星屑使行进方向的大气分子发生电离，进而因热量而燃烧殆尽。因此，宇宙中的碎片和小石子，基本上是到不了地球的。即使可以到达地球，有机物也会因为热量而被完全破坏掉。

流星的碎片有各种尺寸，从不足 0.1 毫米到数厘米，有时也会有更大的碎片掉落。小碎片在大气层就会燃尽，燃不尽的大碎片也只有一部分会到达地球。

从实验来看，0.01毫米以下，内部空空如也的小碎片，因为轻，反而经过大气缓冲，会慢慢掉落到地面上。这种碎片含有氨基酸等分子，没有破坏也不会燃烧，可以到达地面。并且，根据科学家的测量和计算，一年到达地球的碎片大约有3万吨。这样1万年就有3亿吨，这个量不容忽视啊！

从地球上有海洋形成，到诞生原始的生命，大量的有机物从空中掉落，储存在地球上，人们认为它们是生命诞生和繁衍的材料。

◯ 在深海热液喷口附近

这些生命诞生的材料如何形成最初的生命呢？

目前主流理论认为，地球最初的生命是在海底热液喷口附近诞生的。包含重金属在内的各种矿物成分溶于"热液"中，像我们所知的多细胞生物，是很难在其中生存的。但是，在这样有毒、高温、强酸性的液体中，能生存的微生物却出乎意料地多。最近甚至有人认为，正是在这样的地方才诞生了最初的生命。木星的卫星木卫二地下有广阔的海底，也存在着与地球的热液喷口近似的环境，所以很多人都期待在那里诞生生命。

然而，最初的生物如何从摄取的养分中获得能量，形成自身细胞的"代谢"机制，以及形成繁衍后代的"遗传·繁殖"构造，至今仍不是很清楚。

DNA 和 RNA 是什么时候获得的呢？病毒是什么时候诞生的呢？这一切都依然是个谜。

另外，还有一种理论认为，生命并不是在地球上诞生的，而是在其他地方诞生的原始生命，借助陨石来到地球。虽然 1903 年才开始提出这个假说，但是许多研究人员支持它。

生物共同遵循的基本原则

中心法则，分子生物学的中心法则

每个生物体都有自己的 DNA 或 RNA，其中包含写有遗传信息的基因。所有生物都以相同的机制复制自身的 DNA 并进行生命活动。我们把这个所有生物都遵循的基本原则称为中心法则。

● 先进的基因组读取

基因、基因组、DNA 这样的词汇，已在日常生活中广泛使用。现在正在进行的基因治疗的研究，是将外源能够生成特定蛋白质的正常基因导入病人的靶细胞，通过这样的方式来治疗基因不能正常工作的患者。另外，由不同生物基因组成新型生物的产业也渐渐发展起来，比如能发光的蚕。

此外，通过比较近种、远种的生物 DNA，从碱基排列的变化和差异，可以确认分支的时期和进化的路线。线粒体 DNA 一般只通过母系遗传，由此可以探索母系遗传的规律，这些都属于相关的技术。

在物种分类时加入 DNA 分析结果，进化谱系被大幅修正。除了河马和鲸鱼的近亲关系更加清晰之外，鸟类中，隼并不是鸳和鹰的同类，反而与鹦鹉和麻雀是近亲，对于这一点，也是很令人震惊。

这样的技术应用和调查之所以成为可能，是因为 DNA 的结构、变化的规律、不完整的理由等已经被研究清楚，并且相关的各种信息和技术也实现了共享。

◯ 生物的条件

从只有一个细胞的最简单的生物到有着高达 6000 万个细胞的人类这样复杂的生物，在地球上存在着许多物种。所有这些物种都有一个共同点。

生物之所以能够被称为生物，是因为他们能以基因为基础繁衍后代，也就是遗传和繁殖；能把自身摄取的营养转化为自身的活动能量，同时完成自身的新陈代谢。当然啦，新陈代谢也利用从本人的染色体 /DNA 中读取的信息。

生物从诞生到成长为成体，就会面临衰老和死亡。死亡是不可避免的，这也是被称为生物的条件之一。

当身体受到损伤时，根据部位和损伤的情况，损伤的部分会尽可能进行自我修复，同时必要的指令也会写入自身的 DNA 内。

◯ 分子生物学的确立

1953 年，詹姆斯·沃森和弗朗西斯·克里克发表了关于"DNA 双螺旋结构"的论文，距今仅 60 多年。不久之后，两人如预想的那样，证实了互相链接的两条 DNA 链以螺旋状交织在一起形成立体结构。

现在 DNA 的结构已经深入人心，大家觉得理所当然就是这样。但是遗传信息的传递机制和 DNA 的化学结构的明确其实也才只过了半个多世纪，这一点还是很让人震惊的。而且，推动沃森他们不断往前走的并不是同领域的研究人员，而是物理学家。

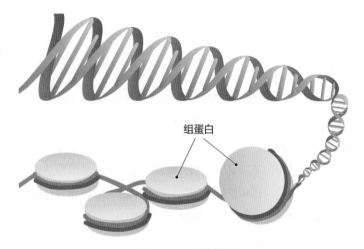

图 4　DNA 双螺旋结构图

长长的 DNA 双螺旋链，除了被复制时，都缠绕在名为组蛋白的蛋白质上。我们看到的染色体呈 X 形，就是这种状态的 DNA 与组蛋白相互缠绕，形成特定的形状。

组蛋白

从理论的提出往前追溯 10 年，物理学家薛定谔发表了题为《生命是什么》的演讲。他认为，就像在物理学中有基本的法则和原理一样，所有的生物也应该有共同的结构。并预言"生物的设计图是在细胞内的分子排列形状"。他还将生物的进化、分化归结为突变，即以某种方式改写设计图的一部分。

在座的大多数研究人员都被薛定谔的睿智震撼，受到了很大的启发。当时，沃森就在现场。

○ 生物的设计图

生物的设计图描绘了一系列的氨基酸。对于所有携带固有

DNA 的生物来说，不仅设计图的结构，使用的"语言"，就连产生后代和体内蛋白质的复制机制，都是完全一致的。薛定谔的理论是正确的，基于这一理论，分子生物学得以确立。

生物体的细胞被膜包裹着，里面有 DNA。病毒是否能够被称为生物时有争议，它也和所有生物一样有 DNA 或 RNA。虽然它们利用其他生物的身体进行繁殖，但其 DNA 或 RNA 的复制方式和其他生物基本相同。

总之，被称为核酸的 DNA（脱氧核糖核酸）和 RNA（核糖核酸），其最小单位是由碱基、戊糖和磷酸合成的有机分子——核苷酸，核苷酸聚合成的链状化合物叫作多核苷酸。

DNA 的碱基有鸟嘌呤、胞嘧啶、腺嘌呤、胸腺嘧啶四种。RNA 的碱基也有 4 种，其中三种是和 DNA 相同的，只是尿嘧啶代替了胸腺嘧啶。

表2　核酸及其构成

核酸	碱基		戊糖
	嘌呤	嘧啶	
脱氧核糖核酸（DNA）	腺嘌呤（A） 鸟嘌呤（G）	胸腺嘧啶（T） 胞嘧啶（C）	脱氧核糖
核糖核酸（RNA）	腺嘌呤（A） 鸟嘌呤（G）	尿嘧啶（U） 胞嘧啶（C）	核糖

DNA 主要保存在细胞核中，是遗传信息的载体。而 RNA 根据需要可以合成和分解。和 DNA 相比，RNA 的结构更脆弱，当不再需要时很容易分解。

所谓中心法则，也就是从功能上解释了在生物体内从 DNA 复制有机高分子蛋白质的机制。

初期，该法则有不足的地方，经过修正，现在已经成为分子生物学的"中心教条"。它的主要内容如下所示。

DNA 首先被复制成 RNA 的形式，这个过程被称为转录。RNA 虽然和 DNA 结构非常相似，但并不完全一致。因为不仅糖由脱氧核糖变更为核糖，碱基也由胸腺嘧啶（T）变成了尿嘧啶（U）。另外，为了合成蛋白质而在细胞核内转录的 RNA 被称为信使 RNA（mRNA）。

与蛋白质合成核糖体的 RNA 被称为核糖体 RNA（rRNA），核糖体是细胞内的蛋白质工厂。到达了 rRNA 的 mRNA 又会与转运 RNA（tRNA）相结合。tRNA 的一端可以识别三个核苷酸的排列顺序使之与特定的氨基酸相结合。tRNA 将氨基酸运送到 rRNA 中，与 mRNA 按照三个核苷酸为一组进行结合。

tRNA 与 mRNA 结合的同时，使旁边的氨基酸和自身所携带的氨基酸相结合，然后自身与氨基酸分离。重复这一过程，就会按照 DNA 指定的序列形成氨基酸的长链。

一开始 mRNA 就是以三个核苷酸为基本单位组成的。像这样三个核苷酸为一组的结构被称为密码子，通常指的是 mRNA 的碱基排列。由 UUU 和 UGA 等字符串表示的密码子，最终指定了特定的氨基酸。

碱基有 4 种，每 3 个碱基组成一个密码子，所以密码子有 64 种（4×4×4）。然而生物利用的基本氨基酸有 20 种，所以由密码子指定的氨基酸有重复。还有一些密码子指定翻译的开始和结束，以及蛋白质合成的开始和结束。

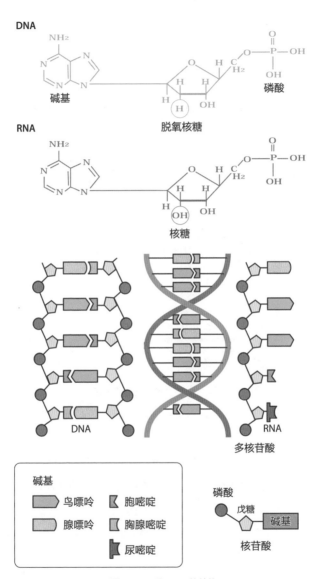

图 5 DNA 和 RNA 的结构

进化和垃圾 DNA

1901 年，首次提出了进化是由遗传信息突变引起的"突变论"。

虽然很多研究人员都感觉这是真理，但是当时并不能很好地证明这个机制。后来 DNA 的组成和结构清晰了之后，才第一次证明了这个理论。

如果基于 DNA 来思考，进化是指遗传基因的缺损、重组、重复以及遗传基因在 DNA 链上的移动（转座子）等与原本不同的"错误"的累积叠加。由于缺损，某些遗传基因无法发挥作用。另外，由于遗传基因的重复，有时也会获得新的性状。

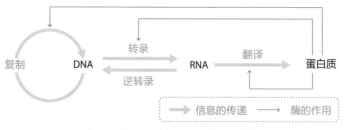

图6 中心法则流程图

仅仅是 1 个遗传基因的不同，就可能使你擅长或不擅长做某件事情，比如使用语言或者唱歌。生物就是这样进化的。

还有一点，通过对 DNA 的仔细调查，还发现一个重要的事实，那就是，为了得到特定生物而写入遗传信息的遗传因子，并不是 DNA 的全部，而只是其中的一部分。

在人类的 DNA 中，也有大部分被认为是无用的。因此，不能作为遗传基因发挥作用的部分被称为垃圾 DNA。

　　但是，最近发现，即使不作为遗传基因发挥作用，那部分 DNA 也在构建组织和维持生物体的生命方面发挥着重要的作用，并没有"浪费"。即便如此，与鸟类相比，哺乳类的 DNA 还是有很多剩余的部分，产生这种差异的原因目前还不是完全清楚。

遗传基因

图 7　60% 的 DNA 意义不明

DNA 链中，发挥作用的遗传基因是分散的。

大灭绝和大进化的理论

大灭绝的主要原因和环境推动进化

生物的大灭绝有来自地球和来自宇宙的原因。地球环境并不总是固定的,有时缓慢变化,有时动态变化。未来,变化也会一直发生,在变化当中,进化和灭绝也会不断重演。

● 变化的地球

地球环境一直在变化。我们熟悉、认为正常的,实际上并不是理所当然的。大陆的位置和形状自不必说,海面的高度、温度、含氧量、大气压、地磁的方向都在不断变化。一天的长度、一年的天数也在变化。

变化的周期有大有小。看起来很稳定的环境会被意想不到的突发事件彻底改变。有些变化会恢复正常,有些变化永远不会恢复。这些环境的变化在过去曾多次造成大灭绝。

然而事件和突发事件的影响并不是只有一个方面,而是多个方面。环境的变化对于曾经繁荣的生物来说,会被剥夺生命和家园,但是对于被时代统治者压迫的生物来说,是一个扩大活动范围的好机会,它们甚至有可能成为下一个时代的主角。

从遗留下来的化石中可以得知,过于巨大的生物以及为了适应环境向特殊方向进化的生物,很多都因为无法适应环境的变化而灭绝了。

发生在五亿年间的主要大灭绝见下表。火山喷发和由此引起的大气组成的变化（包括低氧化）、气候变化、陨石落下引起的环境剧变，几乎导致了所有的生物大灭绝。

表 3　主要的大灭绝

	时期	主要灭绝	原因
寒武纪末	5 亿年前	伯吉斯生物群	火山喷发？
奥陶纪末	4 亿 4300 万年前	大部分三叶虫等	气候变化？
泥盆纪末	3 亿 7400 万年前	82% 的海洋生物物种灭绝	陨石落下＋气候变化？
二叠纪末	2 亿 5100 万年前	史上最大的灭绝，三叶虫等	连续的火山喷发
三叠纪末	2 亿年前	菊石、单弓类动物等	巨大的火山喷发
白垩纪末	6550 万年前	鸟类以外的恐龙、翼龙、蛇颈龙	陨石落下、火山喷发
现在	现在	极其多样化	人类活动、全球变暖

脊椎动物诞生后的大灭绝，主要的原因是地幔热柱上升等引起的巨大的火山喷发。不仅喷出大量岩浆，还喷出大量的气体使地球变暖，释放到大气中的微粒则使地球变冷。还有一些时期，由于释放出的大量物质与氧气反应，导致大气中的氧气浓度急剧下降。鸟类的气囊和哺乳类的横隔膜，就是为了在这些时期生存而进化出来的。

⬤ 大灭绝是以下犯上的机会

地球上什么时候出现了最初的生命还不清楚。原始的海洋诞生后，距今 38 亿～40 亿年诞生的说法很有说服力，之后经过 32 亿～34 亿年的时间慢慢地从单细胞进化成多细胞。最初的生命是在海底的热液喷口附近诞生的，这种说法（热液喷口假说）是有说服力的。

蓝藻等能进行光合作用的生物诞生后，吸收二氧化碳，将碳留在体内，向大气中释放氧气，这是约 32 亿年前的事。随着数量急剧增加的蓝藻开始大量供给氧气，地球大气的成分发生了动态变化。

人们认为，对到那时为止生活在地球上的很多生物来说，氧是一种毒药，很多生物因此而死亡。也有研究人员认为这是第一次生物大灭绝。

另外，当时蓝藻活动的痕迹和繁荣的证据，以叠层石（化石）的形式留存下来。

地球自诞生以来，经历了好几次冰河期，有两次特别寒冷的时期，包括海洋在内的整个地球全部被冰层覆盖。被形容为雪球的这种状况被认为持续了数千万年到 1 亿年的时间。将这种地球

图 8　叠层石

在地球各处发现的叠层石，是蓝藻曾经活动过的痕迹。

上存在全球冻结时期的说法称为雪球假说。

顺便一提，经过一定时间后雪球状态被解除，可以认为是大气中增加的二氧化碳和甲烷等温室气体的影响。现在，由于海洋吸收了大量的二氧化碳等温室气体，温室效应也减弱了，但是全球冻结时气体无法被海洋吸收，全部进入大气中，会使全球变暖。

前寒武纪时期的原生代，在最后一个雪球被解除后不久，具有复杂身体结构的埃迪卡拉生物群出现了。

这个时代的生物既没有骨骼也没有硬壳，在古生代和中生代之前，距今约 5 亿 4500 万年前就已经灭绝了，但是其中的一部分被认为与寒武纪爆发性地增加的巴吉斯生物群有关。

地球上曾存在过氧气浓度下降到现在的 60% 左右的低氧时

图 9　完全冻结的地球

从宇宙来看，地球就像是纯白的雪球，所以这种说法被命名为雪球假说。

代。鸟和恐龙的祖先，为了在那个时代生存下去，进化了高效率的呼吸器官——气囊，它可以辅助肺更有效地吸收氧气。

鸟类之所以能在喜马拉雅上空氧气稀薄的高空飞翔，就是因为有气囊。在恐龙进化得越来越巨大的过程中，气囊也发挥了威力。这也可以说是环境推动进化的一个很好的例子。

● 恐龙的灭绝带来了哺乳动物和鸟类的繁荣

最近的大灭绝发生在 6550 万年前。很多人都知道，一块长约 10~15 千米左右的巨大陨石落在中美洲尤卡坦半岛，摧毁并彻底改变了那里的环境，敲响了恐龙时代终结的钟声。

这个陨石留下了平均直径约为 180 千米的环形山（希克苏鲁伯陨石坑）。陨石落下所引起的冲击相当于 M11 级地震，是 M9.0 级的东日本大地震的一千倍以上，据计算，由此产生的海啸的高度，在落下地点附近为 300 米。

世界各地都在中生代和新生代的边界——白垩纪 / 第三纪界线（KT 界线）的地层中发现了铱，由于它是地球上不太存在的物质，所以推测其包含在毁灭恐龙的陨石中。另外，由于其广泛地沉积在世界各地，因此可以认为陨石撞击地球的冲击影响是世界范围内的。

然而，在这个时期，印度的德干高原发生了大范围的火山喷发也是事实，时长达 3 万年，喷出的熔岩厚度达到了 2000 米。由堆积的熔岩构成的岩石被命名为洪水玄武岩，这个区域被称为德干陷阱。

在二叠纪末发生的地球史上最大的灭绝，是在当时联合在一

图 10 巨大陨石落下的尤卡坦半岛和发生巨大火山喷发的印度德干高原

有研究认为，落在尤卡坦半岛的陨石诱发了德干高原的火山活动，但其真伪尚未确定。不过，这一时期确实同时发生了巨大陨石的落下和大范围的火山喷发，两者的叠加导致了大灭绝。

起的盘古大陆的中央一带，由地核涌出的高温熔岩形成的超级喷流引发的，大量的尘埃和火山气体被释放出来，甚至改变了大气的组成。

　　也有人指出，白垩纪末在德干高原发生的事情，虽然规模稍小，但与二叠纪末发生的事情相近。

　　陨石落下给环境带来了很大的变化。再加上长达 3 万年的德干高原的大范围火山喷发，引起了气候的进一步变化。这两个因素叠加在一起，加速了大灭绝。

⬤ 灭绝和进化

　　体型巨大，顶级捕食者，是地球上王者一样的存在。即使是这样，面对急剧变化的环境仍然无能为力。

　　能够度过灭绝期、有机会存活下来的，并不是地球上王者一样的存在，而是在大灭绝发生之前，恰好逐渐适应了不同的环境，分化成各种各样的形状，食量比较小的生物群。只要在分化的群体中有一个能够度过灭绝期的物种，该物种的生命就将延续到下一个时代。

⬤ 鸟类告诉我们的

　　鸟类起源于与窃蛋龙等近缘的食肉恐龙，因此，鸟类可以看作是变异的恐龙。

　　恐龙有各种形状和大小，给我们留下了丰富多样的印象。然而，在恐龙繁荣的 1 亿多年时间里（是灭绝后时间的两倍以上），我们发现恐龙的基因组变化比较缓慢，进化也比较缓慢。

　　与鸟类和恐龙相近的鳄鱼类，也几乎在 1 亿年间没有发生遗传基因变异。

　　相对于恐龙和它们的近缘类，鸟类和哺乳动物的遗传基因变异的速度很快，从恐龙这个地球上的王者消失的 6550 万年前开

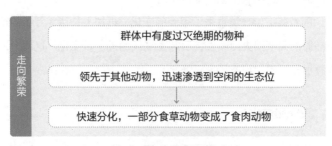

图 11　大灭绝后的进化模式

始，一直在加速进化，这样的特征似乎是免于灭绝的巨大力量。

　　根据这样的事实，能够度过灭绝期，并在之后开始繁荣的条件大致可以总结如下：

> （1）饮食习惯、生活环境等方面，有足够的物种多样性。
>
> （2）和其他动物群体相比，能够快速适应的物种较多。
>
> （3）成长速度快，在短时间内就能与父母大小相同，并且能够繁殖。
>
> （4）基因变异速度快，能够在短时间内产生新物种。

人类进化论：分化、共存、交配

人类进化论，非洲单源说

人类的发祥地是非洲大陆，我们的祖先从非洲向全世界扩散。关于过去存在的人种，仅我们所了解的就有数十种。

在同一地域的同一时期也存在着多个人种，但是现存下来的只有我们智人。

我们是什么人？

事实证明我们的部分基因组来自尼安德特人，据此可以确定在远古时期人类曾和尼安德特人有过交配。

另外，在日本绳纹时代开始之前，距今 1 万多年前，印度尼西亚的佛洛里斯岛仍然生存着与现代人完全不同的人种——佛洛里斯人，人类学家认为他们是爪哇人的子孙。

人类学上的新发现至今仍在继续，迄今为止的定论不断地被改写。

虽然进化的大致方向没有改变，但是人类进化的道路却比想象的复杂，足以让我们震惊。

哺乳动物大约与恐龙在同一时期诞生

哺乳动物的诞生与恐龙的出现大约在同一时期，约为 2 亿 2500 万年前。灵长类动物从哺乳动物中分化出来大约是在 8500 万年前。

也就是说，导致恐龙灭绝的小天体落下之前，约 6550 万年以前，在恐龙全盛时期的白垩纪后期，哺乳动物就开始向现在进行分化，我们灵长类动物的祖先与一直支配天空的鸟类一起，度过了严峻的大灭绝期。然后在没有恐龙的地球上迅速扩散。

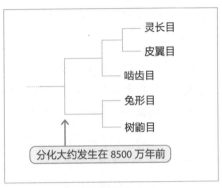

图 12　哺乳动物的分化

哺乳动物的分化早在恐龙灭绝以前就开始了。

图 13　进化成灵长类动物的得失

⚪ 灵长类化：人类的祖先在树上进化

人类和猴子的手掌和脚掌上的褶皱原本是为了防滑而进化出来的。在成为灵长类动物之前，我们的祖先选择在树上生活，与其说是选择在树上，不如说是因为弱小而被驱赶到了树上。

在树枝与树枝之间移动时，为了防止摔落受伤而导致死亡，手脚防滑是必要的。另外，为了能够安全地在树枝之间移动，也要求能够快速把握与下一个目标树枝间的距离。眼睛之所以集中在脸的正面，是因为可以扩大双眼的视野。同时，由于灵长类动物可分辨颜色的视细胞增加，所以获得了全色视觉。

此外，由于在树上生活，大多数哺乳动物的嗅觉都退化了，因为不能凭味道来判断是否能食用、是否新鲜，取而代之的是用颜色去辨别，比如果实变成红色或黄色就可以食用，红色是新鲜

图 14　鸟类和灵长类的祖先在白垩纪末期在树上共存

树上的鸟类的脚趾有一根或两根是向内侧的对向指，这样就可以牢牢地抓住树枝，我们祖先的手和手指也有着相似的进化，当然，也包括掌纹。

的，变成茶色还食用的话会肚子痛，等等，学会用眼睛判断是必要的。

曾经哺乳动物的祖先舍弃的能力，灵长类动物又重新获得了。夜间活动较少，几乎都是在白天活动，这也是需要进化出全色视觉的理由之一。

我们远古的祖先，为了能够在突然刮风或者其他意外发生时不从树上掉下来，使用手脚，有时还会使用尾巴来固定自己的身体。大拇指与其他的手指对向生长，这样可以牢固地抓住树枝，这也是很重大的进化。

不久我们的祖先就发生了戏剧性的进化，开始转移到地面生活。树上的生活经验使他们能够自由地使用灵巧且握力十足的双手，并可以使用和制造工具。这一系列的变化被称为灵长类化。

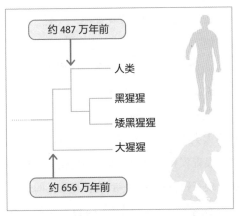

图 15　大猩猩、黑猩猩和人类的分化时期

以前，有报告称，人类和黑猩猩的遗传信息只有 1.23% 的差异，但是根据其他调查，认为实际上的差异要更大一些。

◯ 东非大裂谷的东部和西部是分开进化的吗？

约五六百万年前，人类与类人猿的共同祖先生活在有森林和热带草原的非洲赤道地区。曾经我们的祖先被纵贯非洲南北的东非大裂谷分割为东西两部分，成为不同的部落。

纵贯非洲大地的东非大裂谷同时也分断了东西两侧的气候和风土。西侧跟以前一样森林广阔，果实丰富，能够捕猎的小型动物也很丰富。树上的生活没有变化，偶尔在地面上活动时，把握紧的前足作为支撑行走。

而东部变得更加干燥，森林减少，已经不允许在树上生活了，在这里生存下来的部落，经过了树上与地面上的双重生活后，成了完全的地上生活者。在许多物种灭绝的情况下，人类祖先的部落生存延续下来了，直至可以完全直立用双足行走。

伊夫·柯盘斯提出的对环境的适应促使人类进化的假设"东边的故事"有强大的说服力。无论如何，人类一定是在东非大裂谷的周围诞生的。

最初的人类是以"猿人"这个名字而闻名的群体。最广为人知的是南方古猿属，包括阿法猿人（南方古猿·阿法种）、湖畔猿人（南方古猿·湖畔种）等。

对于成为人类来说，南方古猿处于进化的初级阶段，还很脆弱，脑容量与黑猩猩相比也没有太大的变化。另外，在南方古猿之前，我们发现了拉密达猿人等其他种类猿人的化石。拉密达猿人（地猿·拉密达）生活在距今大约 440 万年前，南方古猿大约生活在距今 400 万~100 万年的漫长期间里。在南方古猿中，包含了大量同一时期生存的猿人种类。

南方古猿时期进入热带草原的人类，在那里进行了下一步进化，比如体型增大。后来又分化出了南方古猿·粗壮种、南方古猿·鲍氏种等分支，在250万年前，人属诞生了。

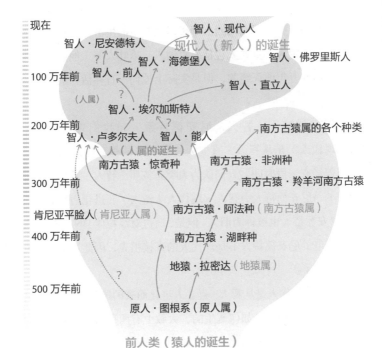

图16　人类进化设想图

根据伊夫·柯盘斯《露西的膝盖》插图改编。

⚪ 走出非洲：非洲单源说

最初的人属诞生在250万年前，是一直生存到140万年前的智人·能人（意为能制造工具的人），智人·能人从东非向整个非洲大陆扩散。在智人·能人诞生约70万年后，大约在180万年前，得到进一步进化的人类——智人·直立人诞生了，智人·能人和智人·直立人一般是以"原始人"的名字被大家熟知。

智人·直立人是第一个从诞生地非洲走向全世界的人类，从亚洲到欧洲，整个亚欧大陆上都可以找到他们生活过的痕迹。生活在亚洲的智人·直立人包括北京猿人、爪哇人等。他们被认为是距今约 5 万年前灭绝的，但是实际上他们一直存活到最近的约 2 万年前。

尼安德特人（智人·尼安德特系）和我们现代人（智人·现代人）是从智人·直立人进化而来的相对先进的人类。

曾经有一段时间，人们认为人类是按照"智人·直立人（原始人）→尼安德特人→智人·现代人（新人）"进化而来的，为此，尼安德特人也被称为旧人。但是，通过对线粒体 DNA 的分析，我们知道了尼安德特人不是现代人的直接祖先，因此这个名称几乎不使用了。

智人·现代人是从智人·直立人进化而来的这是毋庸置疑的。但是，关于现代人是如何诞生的，大致上有两种说法。第一种是多地区进化说，即分布在非洲、亚洲、欧洲的群体，按地区进化为现代人。另外一种是走出非洲说，即在非洲诞生的智人·现代人追随着智人·直立人走出非洲，走向全世界。第二种说法也被称为非洲单源说。

多地区进化说现在几乎被否定。尼安德特人不是欧洲人的祖先，北京猿人和爪哇人也没有进化成全部亚洲人。

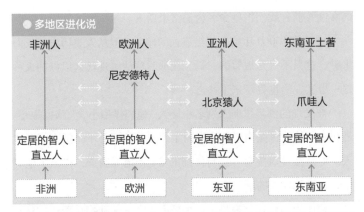

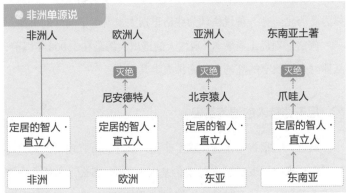

图 17　人类进化的两种说法

智人·直立人在各个地区反复混血进化，向现代人进化的多地区进化说（上）和向各地扩散的智人·直立人灭绝，只有在非洲出现的智人·直立人才进化成现代人的非洲单源说（下）。

共存的人类

一百年来，虽然有"尼安德特人灭亡了，现代人以外的人种从地球上消失了"的说法，但事实证明并非如此。2003年，在印度尼西亚的佛洛里斯岛的洞穴内，我们发现了距今18000多年的女性骨骸，我们把她命名为佛洛里斯人。

公元前16000年给人相当遥远的印象，但从人类历史的长河来看，这只不过是短暂的一瞬。在那时存活着现代人以外的人种这一事实，给世界带来了冲击。

被发现的佛洛里斯人别名小矮人，他们体型小，大脑也很小。最初我们认为这是由于疾病阻碍了生长，他们并不是智人·现代人。但是经过对头盖骨进行详细的CT扫描等调查，得出了他们是智人·现代人的结论。

众所周知，在食物匮乏的小岛上生活会使动物小型化，这被称为岛屿化。有一种说法认为弗洛里斯人也发生了同样的事情。

佛洛里斯岛上有智人·现代人的进出大约是在35000年以前，从那时开始狭窄的岛屿上这两种人类共存。

尼安德特人的遗传基因

最近，有报告指出，在除了非洲人以外的所有现代人的遗传基因中，来自尼安德特人的遗传基因占2%。那么，为什么会产生混血呢？又是什么时候产生的？如果有交配，两者不应该是亚种的关系吗？

智人·现代人在非洲诞生，走出非洲走向世界时，有一批来

到了 20 万年前诞生的以欧洲为中心一直延伸到亚洲的尼安德特
人居住的地区，并在这里定居。

地点为西奈半岛到黑海沿岸一带，我们认为两个人种在这里
进行了自然交配。

根据线粒体等的分子系统分析，我们推断尼安德特人与现
代人的分化大约在 60 万年前。虽然被称为亚种的时期早已过去，
但令人惊讶的是，他们留下的后代竟然能达到与现代人进行交配
的水平。

图 18　人类诞生地与两次人类的迁徙（走出非洲）

在两次迁徙中，走出非洲走向世界的路线。

作者简介

细川博昭

作家、科普作家。从历史和科学两方面对人类和动物的关系进行了论述，发表了多篇文章。同时也撰写关于尖端科学和技术的科普文章。主要著作有《你想知道的自然能源的科普知识》《身边那些不可思议的鸟》等。

审定者简介

竹内薰

科普作家，毕业于东京大学理学部物理系，获加拿大麦吉尔大学博士学位。通过撰写科普书籍、报纸、杂志的专栏、书评、电视、广播等，广泛开展科学的启蒙活动。著作有《假设的世界：一切不能想当然》等。